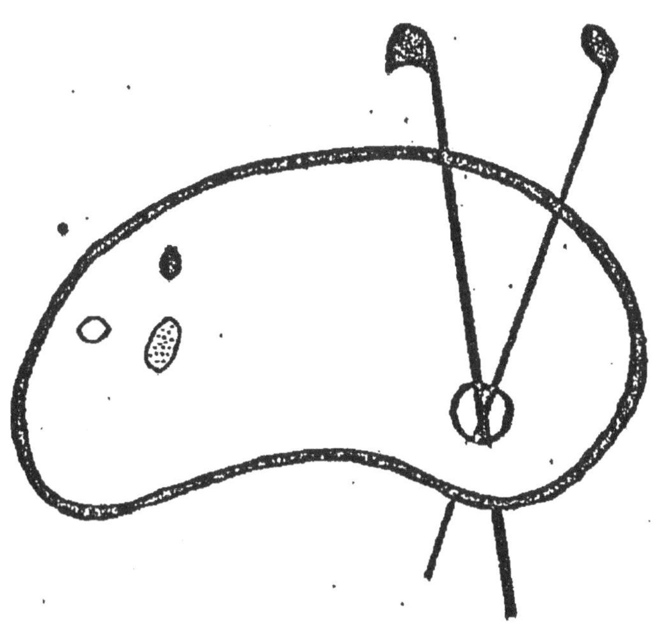

DEBUT D'UNE SERIE DE DOCUMENTS
EN COULEUR

8°R
14.946
679

R. F.

Dʳ L. PASCAULT

EST-IL RAISONNABLE

D'AVOIR UNE RELIGION ?

ET LAQUELLE ?

BLOUD & Cⁱᵉ

S. et R. 679

Librairie BLOUD & Cⁱᵉ

7, Place Saint-Sulpice, PARIS (VI)

ANNALES
de Philosophie Chrétienne

SECRÉTAIRE DE LA RÉDACTION :

L. LABERTHONNIÈRE

Les *Annales de Philosophie chrétienne* ont pour objet spécial l'étude philosophique des problèmes religieux. Après la période critique que nous venons de traverser et en se servant des résultats acquis, elles se proposent d'être l'organe de tous ceux qui se préoccupent à juste titre de synthèse et de construction doctrinales. Elles se sont assuré le concours de nombreux collaborateurs, en France et à l'étranger, dans l'Université et dans l'Enseignement libre.

Les *Annales de Philosophie chrétienne* paraissent le 15 de chaque mois. Chaque numéro comprend, outre les articles de fond, des comptes rendus bibliographiques, une revue des Revues *françaises* et des chroniques sur le mouvement philosophique et religieux à l'Etranger.

ABONNEMENTS

Par an : France, 20 francs ; Union postale, 23 francs.

Le numéro : 2 francs.

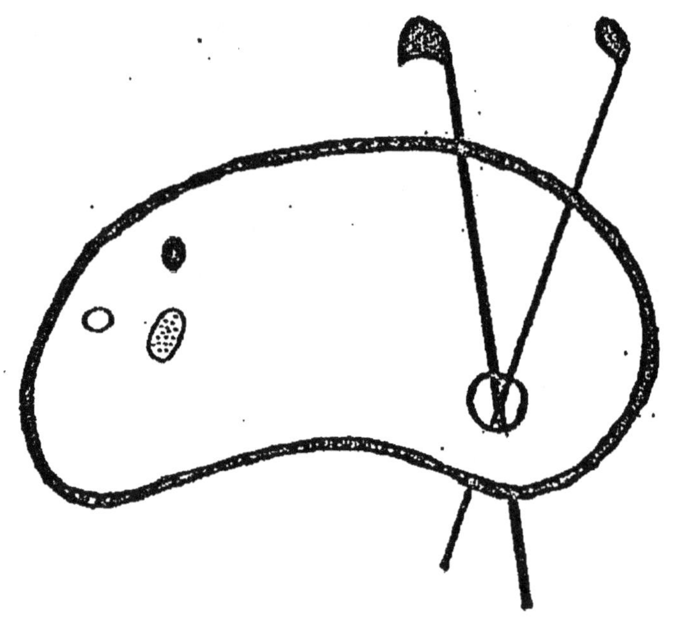

FIN D'UNE SERIE DE DOCUMENTS
EN COULEUR

Est-il raisonnable d'avoir une religion? Et laquelle?

PAR

Le Dr L. PASCAULT

> « ... L'ignorant n'hésitera pas à tout nier. Le savant a le droit et le courage de tout croire. » J.-B. DUMAS.

PARIS

LIBRAIRIE BLOUD & Cie

7, PLACE SAINT-SULPICE, 7

I ET 3, RUE FÉROU, — 6, RUE DU CANIVET

1913

Reproduction et Traduction interdites

AVANT-PROPOS

Le besoin de croire est inné chez l'homme. Mais ce sentiment est obscur, et, pour croire, il faut tout au moins vouloir croire. Aujourd'hui, la plupart des hommes, étourdis par l'existence fiévreuse de notre époque, s'enlisent, sans y penser le plus souvent, dans une pitoyable indifférence. Pendant plus de trente ans nous avons été de ceux-là.

Pourtant, dans le cours de la vie, nous avions fréquemment remarqué et admiré les hautes qualités morales des catholiques, — de ceux qui, connaissant leur religion, s'appliquent à mettre d'accord leur conduite avec leurs convictions. De plus, appelé par profession à voir souffrir et mourir, nous avions, dans maintes circonstances, été vivement frappé de la patience des esprits foncièrement chrétiens, ou plus exactement de leur vrai courage en face des pires douleurs. La mort d'un de nos amis bien cher, en nous montrant avec quelle *joie* un croyant peut quitter ce monde, lors même qu'il a mille raisons de le regretter, nous décida enfin à rechercher pour notre propre compte cette foi génératrice de tant de vertus agissantes, de tant de vaillance et de consolations.

Abandonnant pour quelque temps nos travaux habituels, nous entreprîmes de soumettre à un examen impartial et approfondi les fondements de la religion apprise dans notre enfance. C'est le résumé de cette étude, où seule la *raison raisonnante* fut mise en jeu, que nous livrons aux méditations des lecteurs qui estiment utile à l'homme et sage de « penser » quelquefois, et de chercher la vérité sur ses destinées.

Les éléments de ce travail ont été en grande partie tirés de l'ouvrage du P. VALVEKENS, *Foi et Raison*

(Retaux, édit., Paris, 1904). Ce livre étant maintenant difficile à se procurer en librairie, aux personnes désireuses de s'éclairer plus complètement, nous conseillerons par ordre de lecture : 1° Abbé DE GIBERGUES : *Croire*, un vol. in-18 (Poussielgue, 1906). — 2° MOULARD et VINCENT : *Apologétique chrétienne* (1), un vol. in-16 (Bloud, 1910). — 3° H. LESÊTRE : *La Foi catholique*, un vol. in-16 (Beauschesne, 1911).

Pour la rédaction de ce travail, nous avons aussi consulté, entre autres ouvrages : BATIFFOL : *L'Église naissante et le catholicisme* (Lecoffre, 1909). — BRASSAC : *Manuel biblique*, t. III (Roger et Chernoviz, 1908). — Abbé GAYRAUD : *La Foi devant la raison* (Bloud, 1906). — J. GUIRAUD : *Histoire partiale ; Histoire vraie* (Beauchesne, 1911). — P. MONSABRÉ : *Exposition du Dogme catholique ;* Carèmes de 1874, 1875, etc. — *Dictionnaire de la Bible*, de VIGOUROUX, et *Dictionnaire de Théologie catholique*, de VACANT.

---

(1) *Apologétique ;* démonstration raisonnée des motifs de croire.

CONSIDÉRATIONS PRÉLIMINAIRES

PHILOSOPHIE OU RELIGION ?

> « Aimez autant la vérité
> que vous aimez votre santé,
> votre vanité, votre liberté,
> votre plaisir, votre fantaisie,
> et vous la trouverez. »
> FÉNELON.

Le besoin de croire existe chez tous les hommes (1).
L'incrédule lui-même a au moins une croyance : il a
foi dans le système de négation ou d'indifférence sur
lequel il s'appuie pour ne croire à rien (2). Ce besoin
s'atteste par l'universalité du fait religieux : partout et
toujours on trouve des prêtres, des autels, des temples,
des sacrifices. Bien plus, « pas une doctrine en nos
jours n'a momentanément triomphé de la religion
qu'en se donnant à elle-même l'apparence d'une religion » (Brunetière). L'homme est donc bien, comme l'a
défini Aristote, un animal religieux.

La raison de ce sentiment si profondément ancré
dans le cœur de l'humanité est vraisemblablement
dans ce fait que, pour peu que l'homme réfléchisse, il
est naturellement amené à se demander : d'où il vient,
où il va, pourquoi il est sur cette terre.

D'où il vient ? Il peut se répondre : peu m'importe.

---

(1) D'après l'abbé DE GIBERGUES ; *Croire,* p. 116 et suiv. — Par ce
mot « d'après », nous voulons dire que nous avons pris dans un
ouvrage le fond de notre argumentation, mais sans en respecter la
forme ; bien souvent même nous avons ajouté ou retranché à l'auteur
que nous citons.

(2) On peut douter de tout, mais comment ? Si le motif du doute
n'est pas raisonné, il est sans valeur. S'il est tiré de la raison par
quelque raisonnement plus ou moins informe, on conclut que l'on
peut douter en vertu d'un raisonnement que l'on accepte comme
certain. C'est d'une logique plutôt discutable. (Abbé GAYRAUD : *La
Foi devant la Raison,* p. 175.)

Mais *où il va* exige une solution. L'ignorance de l'au-delà est inquiétante, même pour un « esprit fort ». De l'idée que nous nous faisons de notre destinée après la mort dépend la conduite de notre vie. Il y a donc importance *pratique* à résoudre cette inconnue, et c'est à quoi se sont appliquées la philosophie et la religion. Nous poserons donc en principe que : *il faut à l'homme ou une philosophie ou une religion.*

La philosophie raisonne ; la religion affirme ; laquelle choisir ? De prime abord, l'homme qui réfléchit se tourne vers la *philosophie.* Souvent il en revient, lorsqu'il s'aperçoit qu'elle n'a pas réponse à toutes les questions qu'il se pose. Par le fait, si la raison permet de saisir clairement un certain nombre de vérités, elle est incapable, à elle seule, de donner une certitude sur toutes celles qui sont nécessaires au règlement de la vie et au repos de l'esprit humain. De là les incessantes variations de la philosophie ; de là les doutes qui ont torturé tant de grandes intelligences et jeté le désarroi dans les âmes sincères.

Reste la *religion.* Tout comme la philosophie, elle a revêtu des formes multiples. A quelle doctrine religieuse faut-il donc donner la préférence ? Logiquement nous devons répondre : à celle qui prouve qu'elle a le droit d'affirmer. Le Christianisme prétend posséder ces preuves. — L'esprit positif de notre siècle demande en outre une religion qui se raisonne, au moins dans ses principes fondamentaux. Le Christianisme accepte qu'on le raisonne, si nous en croyons une décision du Concile du Vatican proclamant solennellement : « *Si quelqu'un dit que le Dieu unique et véritable, notre Créateur et Maître* (le Dieu des chrétiens), *ne peut être connu avec certitude par les lumières naturelles de la raison humaine, au moyen des choses qu'Il a créées* (par l'examen raisonné des choses de l'univers) : *qu'il soit anathème.* » — Puisque le Christianisme nous offre des preuves de sa véracité, et puisqu'il n'exige pas de nous une adhésion aveugle à ses doctrines, examinons-le donc d'un peu près ; c'est ce que nous allons faire.

Mais auparavant il importe de déterminer les méthodes qu'il convient d'employer dans une étude de ce genre pour en obtenir les résultats les plus probants.

Les preuves que le Christianisme a le droit d'affirmer sont contenues dans les Livres Saints, dans l'Ancien et le Nouveau Testament. Les méthodes de la critique historique leur sont donc applicables. Nous démontrerons plus loin (chap. ii) qu'elles en ont subi l'épreuve victorieusement.

Le Christianisme, d'autre part, admet qu'on le raisonne. Nous allons donc le juger par le raisonnement et, pour ne point nous égarer, nous baserons autant que possible nos raisonnements sur les principes qui s'imposent nécessairement à l'esprit, sur les principes d'évidence.

Ces principes se ramènent à deux : 1° *Principe de contradiction ou d'identité,* en vertu duquel on ne peut accepter comme vraies les choses absurdes, contradictoires ; 2° *Principe de causalité ou de raison suffisante,* en vertu duquel on affirme que tout ce qui commence d'exister ou tout ce qui arrive a une cause. Ce principe s'exprime aussi par la formule connue : pas d'effet sans cause, — ajoutons, sans cause proportionnée, suffisante, c'est-à-dire supérieure ou tout au moins égale à l'effet produit, attendu que le plus ne peut sortir du moins.

Comme le besoin de croire, la notion de causalité est innée chez l'homme : l'enfant le prouve en demandant à chaque instant le *pourquoi* des choses. Elle s'impose naturellement à l'esprit (1). Nous n'insisterons donc pas, et passerons immédiatement à l'application des principes d'évidence à l'examen de la religion en général et du Christianisme en particulier.

---

(1) Bien que le principe de causalité paraisse incontestable aux yeux du plus grand nombre, certains philosophes subtils ont essayé de le nier. Or, il est facile de le vérifier par le principe de contradiction. Voici par quel raisonnement :
Ce qui commence d'exister reçoit quelque chose ou de lui-même ou d'un autre. Ce qu'il reçoit, c'est l'être, l'existence. Cette existence, il ne la reçoit pas de lui-même, car, n'existant pas encore, il ne peut rien se donner. Donc il la reçoit d'un autre. — L'effet, par conséquent, se lie à la cause d'une manière logique, *nécessaire.* Le nier, c'est tomber dans l'absurde (*Dictionnaire de Théologie catholique,* fascic. XVI, art. Cause, par A. CHOLLET, page 2031).

I

IL EST RAISONNABLE

D'ADMETTRE UNE RELIGION

La religion (de *religare*, relier) étant le lien qui rattache l'homme à Dieu, il convient, avant de la discuter, d'étudier séparément l'homme et Dieu.

A. DIEU

Les multiples questions qu'on peut se poser par rapport à Dieu, peuvent se ramener toutes aux deux suivantes : Dieu existe-t-il ? S'il existe, quelle est sa nature, quels sont ses attributs ?

PREUVES DE L'EXISTENCE DE DIEU

Quelle que soit la conception qu'on se fasse de l'univers, lors même que l'on suppose que tout ce qui existe actuellement dérive d'une première matière informe et sans vie, on est obligé de se demander d'où vient cette matière, d'où vient la « matière » (1).

Peut-on admettre que **la matière s'est créée elle-même ?** Cette hypothèse est contraire au principe de causalité. Le simple bon sens nous dit que pour se créer soi-même, il faut exister ; or, avant d'être, la matière n'existait pas ; donc elle n'a pas pu se créer elle-même.

(1) D'après le *Dictionnaire de Théologie catholique*, fascic. XXIV, art. Création, par H. PINARD.

A-t-elle existé de toute éternité? Il est au moins singulier de voir cette matière qui n'aurait pas eu de commencement, avoir une fin. Or, elle paraît bien avoir une fin. Les découvertes récentes sur les émanations de certaines substances (radium, uranium, iridium...) démontrent, en effet, que la matière, jusqu'ici considérée comme indestructible, se désagrège au contraire d'une façon continue et disparaît un peu tous les jours (G. Le Bon). De sorte que le vieil axiome : « Rien ne se perd ; rien ne se crée ; tout se transforme », doit très vraisemblablement être remplacé par celui-ci : « Tout se transforme ; rien ne se crée ; finalement tout se perd. »

D'ailleurs, pour que la matière et le monde aient existé de toute éternité, il eût fallu qu'ils possédassent en eux-mêmes leur cause, leur raison d'être, comme le prétend la doctrine de l'*immanence*. Or, un raisonnement que nous ne pouvons qu'esquisser ici, prouve que, s'il en était ainsi, le monde n'aurait jamais évolué, serait toujours resté dans l'état chaotique de la nébuleuse qu'il fut à l'origine des temps (1). En effet, il est illogique d'admettre que ce qui porte en soi sa raison d'être, — autrement dit ce qui existe *par soi*, doive et puisse changer. Nous le démontrerons lorsque nous étudierons la nature de Dieu, (p. 16).

La matière donc n'a pu ni se créer elle-même, ni exister de toute éternité. Reste une troisième et dernière façon d'expliquer son existence : **elle a été créée par un être supérieur à elle.** Parmi les nombreuses preuves qui en ont été données, nous citerons seulement celle de Voltaire, parce qu'elle est la plus facile à saisir. Dans son *Traité de Métaphysique* (2), Voltaire dit : « qu'il y a un Etre qui existe nécessairement par lui-même *et qui est l'origine de tous les autres;* que le monde matériel ne saurait être cet être nécessaire..., parce que ni le mouvement, ni l'intelligence ne lui sont essentiels. »

(1) Voir Mgr d'Hulst : *Conférences de Notre-Dame ;* Carême de 1891, p. 119 et note 24 à la fin du vol., et Carême de 1892, p. 24 et notes 4, 5.
(2) *Œuvres complètes*, t. XXIV, pp. 10, 11 (édit. Plancher, 1818).

Remarquons incidemment que s'il n'existe pas au moins un être nécessaire, *rien n'existe*, car s'il fut un temps ou rien n'était, la raison nous oblige à reconnaître que jamais rien ne sera : de rien peut-t-il sortir autre chose que rien? Or, le monde matériel existe : « Qu'on essaie donc de concevoir ce que serait un fait, s'il n'y avait pas d'êtres ; un phénomène, s'il n'y avait pas d'existences (1). »

Mais revenons à la preuve proposée par Voltaire. Le mouvement, dit-il, n'est pas essentiel à la matière. L'expérience nous apprend, en effet, que la matière est absolument incapable de se mouvoir tant qu'elle n'y est pas poussée par une force indépendante d'elle-même. Si même, adoptant des théories nées d'hier, on veut ne voir dans la matière qu'une condensation d'énergie, qu'une charge électrique agitée de vibrations perpé-tuelles, on devra alors expliquer pourquoi l'équilibre de cette charge est rompu, pourquoi elle est en mouvement et non au repos. A cette matière, il a fallu un *premier moteur*, sinon elle serait toujours restée figée dans l'iner-tie qui la caractérise. — L'intelligence ne lui est pas davantage essentielle. C'est de toute évidence : voyez le bois, la pierre, le fer... Alors, d'où vient l'intelligence qui préside à l'évolution du monde et dont nous allons parler tout à l'heure? D'où vient l'intelligence qui anime la « matière humaine » et la distingue de la matière brute?

De quelque côté qu'on retourne la question, on en vient donc forcément, fatalement, en appliquant le principe de causalité, à un être nécessaire, agissant comme *cause première* pour créer le monde et la vie. Cette cause première, appelons-la Dieu, et constatons que la science n'a pas d'objections péremptoires à l'existence de Dieu. Elle est, d'autre part, impuissante à démontrer sa non-existence. M. Le Dantec, l'apôtre moderne de l'athéisme, le reconnaît dans ces termes plutôt ingénus : « Mes raisons (d'être athée), je vais vous les dire brièvement, mais je ne me dissimule pas

____

(1) CARO : *L'idée de Dieu*, p. 165.

leur vanité. Je suis assez sage pour me dire, avec M. de La Palisse, que, si je ne crois pas en Dieu, c'est que je suis athée; c'est là la seule bonne *raison* que je puisse donner de mon incrédulité (1). » Cette bonne raison n'en est pas une et nous n'en contesterons pas la vanité.

Ordre régnant dans le monde. — L'existence du monde implique Dieu comme cause nécessaire, nous allons voir que l'ordre qu'on y constate impose à l'esprit une conclusion identique.

Lorsqu'on considère le monde avec quelque attention, on est frappé de l'ordre admirable qui règne dans son ensemble comme dans le plus petit de ses détails. L'univers est tout entier gouverné par une force directrice, l'attraction, qui soumet à ses lois depuis les astres jusqu'aux moindres atomes. Sur cette terre, tout obéit à des règles précises et invariables : dans le monde minéral rien ne se fait sans nombre, poids et mesure; dans le règne végétal et animal, chaque être se développe avec une harmonie qui déconcerte notre savoir.

Comment expliquer cet ordre merveilleux ? Par l'effet des lois naturelles qui régissent la matière ? C'est oublier que ces lois *étant inhérentes à la matière* sont, elles aussi, l'œuvre de celui qui a créé la matière. Par le hasard alors ? Cette hypothèse, encore plus risquée que la précédente a déjà été réfutée par Cicéron : « Si la rencontre des atomes peut former un monde, pourquoi ne forme-t-elle jamais de portique, de temple, de maison, de ville ? Ce serait moins difficile et moins compliqué » (2). Arrêtons-nous-y cependant un instant, car elle a été le point de départ de théories qui ont troublé l'esprit de bien des savants : nous voulons parler du *monisme* de Hæckel et du *transformisme* de Lamarck et de Darwin.

D'après ces théories, le monde tel que nous le voyons aujourd'hui, serait le résultat de combinaisons heureuses qui se sont succédé dans l'infini du temps. A l'origine,

---

(1) *L'Athéisme*, p. 38 (édition de 1906).
(2) *De la nature des dieux*, liv. II, n° 37.

un chaos de matière travaillée par des forces aveugles. Puis, la terre, organisme déjà complexe où tout se meut avec une indiscutable harmonie. Ensuite, de cet amas de matière inorganique sortent des végétaux rudimentaires, mais logiquement organisés. Plus tard, apparaissent des embryons d'êtres doués d'un soupçon de vie animale. Peu à peu, à la suite d'innombrables essais mal venus, ces êtres se développent et se perfectionnent : ils acquièrent des qualités nouvelles *par adaptation* au milieu dans lequel ils vivent ; ils les fixent *par sélection* et, enfin, les transmettent à leurs descendants *par hérédité*. Ainsi, d'échelon en échelon, la matière minérale inerte s'élève au végétal qui vit, à l'animal qui sent, à l'homme qui pense.

Analysons les éléments de cette théorie (1). *L'hérédité...* ; qu'on y réfléchisse, et l'on verra que ce mot exprime la constatation de certains faits, mais ne les explique pas. *L'adaptation* et la fixation des caractères acquis par *sélection* ne rendent pas compte de l'évolution progressive des êtres. Aujourd'hui, tout le monde est d'accord, je crois, pour reconnaître que l'adaptation ne produit que des modifications très limitées dans les individus, et difficilement transmissibles ; que la sélection est inapte à créer des « espèces » bien différenciées ; tout au plus peut-elle former des « races » nouvelles qui, d'ailleurs, reviennent au type primitif dès qu'on replace les animaux dans les conditions de la vie de nature.

Et puis, si la théorie de Darwin était fondée, si les êtres s'étaient progressivement élevés du plus simple au plus compliqué, les organismes les plus anciens devraient toujours être les moins parfaits. Or, M. Contejean, bien que transformiste, avoue que « ce n'est pas toujours par les représentants les plus dégradés que commencent les classes et les familles. La classe des Crinoïdes débute par ses types les plus perfectionnés ; les premiers poissons l'emportent à presque tous égards sur ceux qui

---

(1) D'après DE SAINT-ELLIER : *Les Origines de la vie* (brochure des « Questions actuelles » Paris, 5 rue Bayard).

peuplent nos mers... » En outre, on devrait rencontrer, au moins quelquefois, les formes intermédiaires par lesquelles les organismes auraient passé avant d'arriver à l'état actuel. Or, un évolutionniste de haute notoriété, Huxley, disait, il y a vingt ans, que « durant toute la période soumise aux investigations des géologues, on ne trouve pas la moindre preuve d'une forme de passage entre deux types spécifiques (entre deux espèces). » Depuis cette époque, les recherches se sont multipliées avec une âpreté digne de réussite ; elles n'ont donné que des résultats décourageants.

La transformation des *espèces* n'est donc prouvée ni par les lois qu'invoque Darwin, ni par les faits. L'illustre naturaliste anglais a mis en relief les variations considérables que peuvent subir les types *dans l'enceinte d'une même espèce* ; pas davantage. Toutes ces laborieuses investigations n'ont réussi qu'à démontrer ceci : les espèces sout capables de progresser, — ce que personne ne conteste, pas même la doctrine catholique (1).

Malgré tout le talent de ses défenseurs, le hasard n'apparaît donc pas comme cause suffisante de l'ordre qui gouverne le monde ; et puisque nous ne trouvons pas une explication satisfaisante de cet ordre dans la nature, c'est *au-dessus de la nature* qu'il nous faut en chercher l'origine.

Mais allons plus loin. L'ordre qui régit l'univers est *intelligent*, il est voulu et *voulu d'avance :* il n'est pas une résultante, comme le prétendent les transformistes, il est préconçu et a un but, une « fin » (2). Pour nous en rendre compte, examinons-le d'un peu plus près.

Chez l'animal, chaque organe est construit de telle manière qu'il doit servir à une fonction déterminée, et qu'il ne peut servir qu'à celle-là. « Affirmer que l'œil n'est pas fait pour voir, ni l'oreille pour entendre, ni

____

(1) Voir note 1 à la fin du volume.

(2) *Fin :* ce pourquoi une chose ou un être est fait, — ou ce pourquoi on fait une chose, quand ce mot s'applique, non pas à la chose faite (comme dans le cas présent), mais à celui qui la fait.

l'estomac pour digérer, n'est-ce pas là la plus révoltante folie qui soit tombée dans l'esprit humain ? Tout douteur que je suis (c'est Voltaire qui parle) (1), cette démence me paraît évidente, et je le dis. Pour moi, je ne vois dans la nature que des *causes finales* (2). » Dira-t-on que c'est la fonction qui crée l'organe ? Ceux qui répètent cette formule aussi fausse que banale, ne se sont certainement jamais demandé comment un oiseau peut voler avant d'avoir des ailes. La fonction développe l'organe ; elle ne le crée pas.

Poursuivons. Chez l'animal, chaque organe ne travaille pas seulement pour lui, mais aussi et en même temps pour les autres organes, de façon à réaliser avec eux et au mieux les effets utiles *à l'être tout entier.* Il y a solidarité tellement intime entre tous ces rouages à destinations variées que, lorsque l'un d'eux souffre, tout l'organisme pâtit.

Devant ces preuves, on comprend comment M. le Pr Ch. Richet, tout positiviste qu'il soit, ait écrit : « Pour moi, en voyant les moyens, à la fois minutieux et puissants, que la nature a mis en œuvre pour assurer la perpétuité de l'espèce, je ne peux pas supposer que ces extraordinaires et compliqués mécanismes, d'une harmonie prodigieuse, soient l'effet du hasard. J'y vois là une volonté très arrêtée, comme un *parti pris,* en vue d'un résultat (3). »

De l'animal passons au monde dans lequel il évolue. Et ici encore nous voyons chaque élément tendre à un but qui lui est propre et concourir en même temps au fonctionnement général. Tout dans l'univers se lie étroitement, depuis l'infiniment petit jusqu'à l'infiniment grand, depuis les astres qui nous éclairent jusqu'au plus chétif insecte qui ne pourrait vivre sans leur lumière. « L'esprit se confond et se perd, dit J.-J.-Rousseau (4), dans cette infinité de rapports dont

-----

(1) *Œuvres complètes,* t. XVII, p. 498.
(2) Par ces mots il faut entendre que tout ce qui existe a un but fixé d'avance, — une fin, — et est organisé de manière à l'atteindre.
(3) *Le problème des causes finales,* p. 13.
(4) *Émile,* liv. IV.

pas un n'est confondu ni perdu dans la foule. Que d'absurdes suppositions pour déduire toute cette harmonie de l'aveugle mécanisme de la matière mue fortuitement! Ceux qui nient l'unité d'intention qui se manifeste dans les rapports de toutes les parties de ce grand tout, ont beau couvrir leurs galimatias d'abstractions, de coordinations, de principes généraux, de termes emblématiques, quoi qu'ils fassent, il m'est impossible de concevoir un système d'êtres si constamment ordonnés, que je ne conçoive une intelligence qui l'ordonne. »

Une *intelligence* suprême et *agissant toujours dans un même plan* peut seule, en effet, rendre compte d'un ordre si habilement calculé. Plus on y réfléchit, plus il parait impossible d'expliquer « l'ineffable logique qui régente le monde » (1) par une série de rencontres heureuses, sans avoir le sentiment que l'on fait tort à la vérité en hésitant à la reconnaître. Pour se refuser à accepter ce que le raisonnement démontre d'une façon aussi convaincante, il faut *ne pas vouloir* croire. On force l'intelligence ; on ne force pas la volonté qui se bute ou qui se dérobe (2).

NATURE ET ATTRIBUTS DE DIEU

Les preuves établissant l'existence de Dieu nous ont déjà fait connaître en partie sa nature ; précisons-la en étudiant quelques-uns de ses attributs.

Infinie perfection de Dieu. — Dieu est infiniment parfait. Par là il faut entendre : 1° qu'il possède toutes les perfections ; 2° qu'il les possède toutes à un degré infini, sans aucune limite et sans aucun mélange de défaut ou d'imperfection.

La démonstration de cet attribut essentiel de la divinité se déduit du raisonnement suivant : Si Dieu n'est

(1) Ces paroles sont de M. H. Fabre, dont l'Académie des Sciences a récemment récompensé les travaux. Elles expriment, on peut dire, la conclusion *d'une vie* d'observations, consacrée à l'étude des mœurs des insectes.
(2) Abbé GAYRAUD, p. 42.

pas infiniment parfait, il est perfectible. Or, on ne peut pas logiquement concevoir que l'Etre qui existe *par lui-même* soit perfectible. En effet, « exister *par soi,* ce n'est pas une petite chose. Sans être un éminent métaphysicien, sans se tenir longtemps la tête entre les mains, on comprend que l'existence par soi est la plus grande de toutes les perfections. Soyez, si c'est possible, éternels, immuables, immenses, infinis, cela n'est rien si l'on vous a faits tels ; mais si vous êtes éternels, immuables, immenses, infinis en vertu de la nécessité de votre être, qui ne peut pas ne pas exister, toute la perfection est là (1). »

S'il était besoin d'une démonstration plus complète, nous la demanderions à la philosophie scolastique ; elle l'appuie sur des raisonnements abstraits que nous ne pouvons qu'énoncer brièvement ici. Si, dit saint Thomas d'Aquin dans sa *Summa Theologica,* si la perfection de Dieu était bornée, elle n'aurait pu l'être que par lui-même (par sa volonté ou par sa nature), ou par un autre. — Or, la perfection de Dieu n'a pu être limitée : 1° *Ni par sa volonté propre,* car Dieu étant l'être qui ne peut pas ne pas être, ne s'est pas donné l'être et, par conséquent, n'a pas pu se le donner de telle ou telle manière. 2° *Ni par sa nature,* car tout ce qui est possible existe en Dieu, puisqu'il est actualité pure. 3° *Ni par un autre,* puisque Dieu, cause première de tout, ne dépend d'aucun principe extérieur. — Donc la perfection de Dieu n'est pas bornée, elle est infinie.

Etant prouvé que Dieu est infiniment parfait, nous devons admettre que, entre autres attributs, il possède les suivants (2) : 1° Il est *Immuable,* c'est-à-dire qu'il ne peut changer. Un être infiniment parfait ne peut naturellement rien s'ajouter ; il ne peut pas non plus rien perdre de ce qu'il a, sous peine de cesser d'être l'absolue perfection ; donc il reste nécessairement toujours ce qu'il est. — 2° : *Infini,* sans limite de mesure, d'espace ou de temps. Donc *un,* car on ne peut concevoir deux

<hr>

(1) P. MONSABRÉ : Carême 1875 ; 13ᵉ conférence.
(2) D'après le P. MONSABRÉ ; Carême 1874 et MOULARD et VINCENT, *Apologétique chrétienne,* chap. v.

infinis coexistants : ils se limiteraient mutuellement et ne seraient ni l'un ni l'autre infinis. Donc *immense* et présent partout, en tout être et en toute chose. Donc *éternel*, sans commencement ni fin ; vivant et voyant simultanément le passé qui n'est plus, le présent et l'avenir qui n'est pas encore. — 3° De plus, Dieu est *souverainement intelligent* : il a ordonné le monde ; et *infiniment sage* : il l'a ordonné en dotant chacun des moyens nécessaires pour accomplir sa destinée. — 4° *Omniscient* : il connaît tout là où l'homme ne connaît rien, puisque, cause de tout ce qui est cause ici-bas, il connaît toutes les causes. — 5° *Tout-puissant* : il a créé le monde ; il peut tout ce qu'il veut, tout ce qui n'est ni absurde en soi ni contradictoire. — 6° *Eminemment bon* ; il nous a tout donné, puisque tout nous vient de lui, et ne se lasse jamais de nous donner ; il donne à tous, même aux indignes, aux ingrats, à ceux qui le repoussent. — 7° *Infiniment juste* : soucieux de faire respecter ses droits par ceux qui lui doivent tout, il laisse les hommes libres, afin qu'ils puissent mériter, mais se réserve de sanctionner intégralement, dans une vie future, le bien et le mal qu'ils auront faits pendant leur passage sur la terre.

Providence de Dieu (1). — La Providence (de *providere*, prévoir et pourvoir), est l'acte par lequel Dieu gouverne et conserve le monde.

Elle est prouvée par la permanence des lois qui régissent la matière. Ces lois, en effet, étant inhérentes à la matière, sont nécessairement, comme elle, l'œuvre de Dieu. Or, on doit admettre que si elles subsistent, c'est uniquement parce qu'il le veut ainsi, attendu que celui qui a créé peut indubitablement détruire.

La Providence se manifeste : 1° *dans la nature*, par les lois dont nous venons de parler (lois naturelles), et par l'unité de dessein qui rend tous les éléments du monde solidaires les uns des autres et les fait concourir

(1) D'après DE SAINT-ELLIER : *La Providence* (broch. des « Questions actuelles », et H. LESÈTRE : *La Foi catholique* ; chap. XXVIII.

à l'ordre universel ; 2° *chez les êtres organisés,* par la disposition de leurs organes qui est telle que ces êtres ont tout ce qui leur est nécessaire pour se procurer leur existence et perpétuer leur espèce ; 3° enfin, Dieu manifeste spécialement sa providence *chez l'homme,* en dirigeant son intelligence par les lumières de la raison, et sa volonté par la voix de la conscience qui lui montre où est le devoir. Par là, en outre, Dieu pose des limites à la liberté qu'il a laissée à l'homme, et le rend ainsi apte à vivre en société avec ses semblables.

De ce que le gouvernement de Dieu existe en tout, résulte-t-il que nous devons attribuer tout ce qui arrive à l'intervention *directe* de sa Providence ? Certes, non. Les événements qui se déroulent sous nos yeux peuvent être *ou expressément voulus* par Dieu, *ou simplement permis* par lui *comme conséquence des lois générales qu'il a posées à la nature et aux hommes.* Affirmer, comme on le fait souvent à l'occasion d'une catastrophe, que « le doigt de Dieu est là », risque donc fort d'être un jugement téméraire. De même, c'est une injustice de rendre Dieu responsable de tous les accidents : ils peuvent être, et de fait ils sont le plus souvent le résultat de l'imprudence ou de la maladresse de l'homme ; pour les empêcher, Dieu serait obligé de suspendre à chaque instant le cours des lois naturelles, de faire des miracles, ce à quoi il n'est nullement tenu envers nous.

En réalité, l'intervention de la Providence ne se montre clairement que dans de très rares circonstances : par exemple, dans le « fait » de *Jeanne d'Arc,* — pauvre fille de dix-sept ans, — délivrant, en moins de cinq mois, la France du joug de l'Anglais, qui pesait lourdement sur elle depuis plus de quatre ans (1) ; par

(1) En réalité, les Anglais avaient entrepris la conquête méthodique de la France au-dessus de la Loire *depuis quatorze ans* (bataille d'Azincourt, 1415) ; elle était fort avancée en 1425 et achevée lorsque parut Jeanne d'Arc (1429). *En quelques semaines,* la Pucelle reconquiert une bonne partie du territoire perdu et fait sacrer Charles VII à Reims ; en quatre mois et demi, l'Anglais est chassé de tout le Nord (moins Paris), et l'armée a si bien repris l'habitude de la victoire que l'on peut considérer la France comme moralement délivrée.

exemple encore dans cet autre fait que nous commenterons plus loin (chap. II), de l'*Eglise catholique* se répandant en cent cinquante ans jusqu'aux confins de la terre connue, malgré l'opposition de tous et la faiblesse des moyens dont elle disposait.

L'action de la Providence ainsi définie répond en partie à l'objection si souvent faite : Comment Dieu, infiniment juste et bon, permet-il les fléaux de la nature, le mal physique et la souffrance morale? Complétons-en la réfutation.

Il est à remarquer d'abord que les fléaux qui de temps à autre s'abattent sur les hommes, sont simplement l'effet d'imperfections de la nature, que Dieu n'était pas tenu d'éviter. En second lieu, que les maux physiques dont nous sommes affligés sont généralement la conséquence de nos excès, de notre avidité à vivre : la vie, a dit excellemment le Père Gratry, est un vin qui enivre ; les hommes s'en abreuvent jusqu'au vertige, et l'ivresse les renverse, les tue. Quant à la souffrance morale, elle a, elle aussi, bien souvent son origine dans notre soumission aux convoitises de la chair et de l'esprit. C'est une douloureuse tyrannie que celle des passions ; elles ont des exigences infinies qui ne peuvent jamais être satisfaites, et les courtes jouissances qu'elles nous donnent ne laissent après elles qu'ennui, dégoût, pénibles souvenirs. Pour le garder contre lui-même, la Providence montre à l'homme, par la voix de la raison et de la conscience, où est le mal ; s'il cède quand même à ses attraits, il n'est que juste qu'il porte le châtiment de sa complaisance.

Voilà la part de l'homme dans la distribution des maux dont il se plaint si fort. Quant à ceux qui lui viennent de Dieu et ne sont pas des *châtiments* des fautes qu'il a commises, ils sont ou des *avertissements* pour le détourner d'une voie mauvaise, ou des *épreuves* pour lui faire acquérir des mérites. « Les épreuves des justes sont des grâces de miséricorde, tandis que la prospérité des méchants est l'un des plus terribles châtiments par lesquels Dieu exerce sa vengeance. »

(Valvekens). Plus on y réfléchit, plus on se convainc
que la Providence est toute faite de sagesse, de justice
et de bonté.

B. L'HOMME

L'homme est composé d'un élément *matériel,* le corps,
et d'un élément *spirituel,* l'âme, qui se réunissent sans
se mélanger, mais d'une façon si intime qu'ils ne
forment, à eux deux, qu'une seule et même nature.

NATURE ET DESTINÉE DE L'AME [1]

L'âme existe, car : 1° chacun de nous sent qu'il
est *quelqu'un,* un être *moral* qui pense, qui juge et se
prononce, qui veut et est responsable de ses actes ; et
non *quelque chose,* un agrégat *matériel* obligé de suivre
passivement les lois de la nature. — 2° Le sens commun
l'atteste [2]. Les deux mots, corps et âme, se retrouvent dans toutes les langues et partout expriment deux
idées différentes. « Les mots de corps et d'âme, dit
Renan [3], restent parfaitement distincts en tant que
représentant des ordres de phénomènes irréductibles... ;
l'homme est ; il est matière, c'est-à-dire étendu, tangible,
doué de propriétés physiques ; il est esprit, c'est-à-dire
pensant, sentant, adorant. »
L'âme a une vie propre. — En effet : 1° Les lois
qui la gouvernent sont tout autres que celles qui régissent le corps. Celui-ci est limité dans sa croissance ;
l'âme se développe indéfiniment, pour peu qu'on cultive
ses facultés. Le corps est obligé d'obéir aux lois physi-

---

(1) D'après l'Abbé LENFANT ; *L'Ame humaine* et *l'Immortalité*
(brochures des « Questions actuelles »).
(2) Le sens commun ne peut être accepté comme motif de certitude que quand il s'applique à ces vérités que tous les hommes
croient et ont crues dans tous les temps, par exemple : il existe des
corps, les lois de la nature sont constantes...
(3) *L'Avenir de la science,* p. 478.

ques de la matière qui le compose ; l'âme peut résister aux lois morales du devoir qui lui dictent sa conduite. — 2° Sans cesse le corps s'use et se renouvelle dans toutes ses parties, l'âme reste immuable : sans quoi, comment expliquer que nous conservons jusque dans la plus extrême vieillesse des notions acquises dans les premières années de la vie ?

Dans notre condition terrestre, l'âme de l'homme forme avec son corps un tout naturel, et le cerveau est l'organe avec le concours duquel l'âme manifeste extérieurement les facultés qui lui sont propres (l'intelligence et la volonté). C'est pourquoi tout ce qui compromet la vitalité du corps ou altère le fonctionnement du cerveau peut provoquer des perturbations dans les modes d'agir de l'âme. La meilleure main du monde, fait observer Bossuet, avec une mauvaise plume écrira mal.

L'âme est « esprit ». — De cette vie indépendante de l'âme, on peut déjà déduire qu'elle n'est pas matière. Une preuve des plus convaincantes nous en est donnée par la nature des connaissances qu'elle met en nous. Parmi ces connaissances, les unes nous viennent des impressions produites sur nos sens par les objets matériels ou par les faits dont nous sommes témoins ; pour celles-là on pourrait, à la rigueur, supposer que le cerveau enregistre des images à la façon d'un appareil photographique et les conserve (1).

Mais notre intelligence n'a pas que cette faculté de connaître les choses extérieures et d'en garder le souvenir : elle a l'admirable pouvoir de tirer des images ainsi formées des *idées abstraites*. De la vue d'une fleur, par exemple, elle peut extraire l'idée générale de « fleur » ; de beauté, si elle est jolie ; d'affection, si elle est offerte par une main amie... Nous voilà loin de la première image, de la connaissance simple et bornée que nous a suggérée l'impression visuelle de cette fleur ! Quel rapport ont ces conceptions de la beauté, de l'amour... avec les perceptions venues de nos sens et

_____

(1) Il faudrait toutefois pour cela que, seul de tous nos organes, le cerveau ne subisse pas de modifications dans sa structure.

recueillies par notre cerveau ? Aucun. Alors, où naissent donc ces idées essentiellement immatérielles, si ce n'est dans un autre être qui vit et agit en nous suivant sa manière propre ? Cet être, nous l'appelons *âme*, et, pour distinguer l'âme du corps, nous disons qu'elle est *esprit*.

Mais allons plus loin encore. Cet esprit ne fait pas que concevoir des abstractions, il *raisonne* sur elles, par exemple, sur les données mathématiques ou philosophiques les plus ardues. Il *juge* : il discerne le beau du laid, le vrai du faux, le bien du mal, et approuve ou condamne en vertu de certains principes qu'il porte en lui-même. A ce propos, surgit de nouveau la question : D'où viennent à cet esprit, d'où viennent à l'âme ces idées premières, ces principes lumineux de vrai, de bien... qui *de tout temps* se sont imposés *à tous les hommes* avec un empire irrécusable pour leur tracer leurs droits et leurs devoirs ? Question insoluble, si l'on ne veut pas reconnaître une intelligence supérieure qui, ayant façonné l'esprit humain à son image, le rend à proprement parler « intelligent », nous voulons dire capable de connaître ou mieux d'entrevoir autre chose que ce que nous montrent les sens (1).

L'âme est libre. — A l'opposé du corps, l'âme est libre : elle est maîtresse de ses actes. Certains philosophes, les déterministes psychologistes, prétendent, il est vrai, que toutes nos actions sont l'effet *nécessaire* du caractère et du motif, ce qui annihile radicalement le libre arbitre. Or, il est facile de concevoir des actes dans lesquels le caractère et le motif ne jouent aucun rôle. Bossuet, dans son *Traité du libre arbitre*, donne l'exemple suivant : Je sens, dit-il en substance, que, levant la main, je puis vouloir la mouvoir soit à droite,

---

(1) Dans ce sens, l'intelligence est donc propre à l'homme. L'animal, lui, ne connaît, ne garde en mémoire et n'associe que les connaissances qui lui sont venues par les sens. Ce qui paraît, chez lui, être du raisonnement ou de la liberté, lui vient, soit de l'homme par le dressage, soit de Dieu par l'instinct. Or, *l'instinct diffère radicalement de l'intelligence* : il est complet dès la naissance de l'animal, le même chez tous les représentants d'une espèce et incapable de progresser. L'intelligence de l'homme, au contraire, est rudimentaire dans le jeune âge, varie suivant les individus et acquiert par la culture une puissance qui tous les jours enfante de nouvelles découvertes.

soit à gauche. Je n'ai aucun motif pour l'incliner d'un côté plutôt que de l'autre. Si je me décide à la porter à droite, ce ne peut donc être que par suite d'un choix absolument libre.

Par cette bien simple expérience, la liberté de l'âme se trouve démontrée. Elle l'est encore par le sentiment intime que chacun de nous a qu'il est libre. « Quelque parti que je prenne, dit J.-J. Rousseau dans *La Nouvelle Héloïse,* dans quelque délibération que ce soit, je sens parfaitement qu'il ne tient qu'à moi de prendre le parti contraire. »

Est-ce à dire que le caractère et le motif n'interviennent jamais pour diriger la volonté dans un sens plutôt que dans un autre ? Certainement non. L'erreur des déterministes est seulement de prétendre que leur influence est irrésistible. Elle ne l'est pas pour tout homme qui sait réfléchir à temps et qui sait vouloir assez (1).

Remarquons qu'admettre leur thèse, c'est supprimer du coup *et le mérite* de l'homme qui agit bien, *et la responsabilité* de celui qui fait mal : ce dernier trouvera toujours un motif pour se justifier. Fénelon a tiré de là un argument pour la liberté de l'âme, qu'il développe avec l'esprit malicieux de son siècle : « Donnez-moi, dit-il (2), un homme qui fait le profond philosophe et qui nie le libre arbitre. Je ne disputerai point avec lui, mais je le mettrai à l'épreuve dans les plus communes occasions de la vie, pour le confondre par lui-même. Je suppose que la femme de cet homme lui est infidèle, que son fils lui désobéit et le méprise, que son ami le trahit, que son domestique le vole ; je lui dirai quand il se plaindra d'eux : Ne savez-vous pas qu'aucun d'eux n'a tort et qu'ils ne sont pas libres de faire autrement? Ils sont, de votre propre aveu, aussi invinciblement nécessités à vouloir ce qu'ils veulent, qu'une pierre l'est à tomber quand on ne la soutient pas... N'est-il pas certain que ce bizarre philosophe qui ose nier le libre

(1) Abbé GAYRAUD, p. 165.
(2) *Lettres sur la Religion,* chap. III.

arbitre dans l'école, le supposera comme indubitable dans sa maison ? » La liberté morale consistant, suivant l'heureuse définition d'A. Nicolas, à *faire ce qu'on veut en faisant ce qu'on doit;* notre philosophe ne saurait évidemment penser autrement lorsque ses intérêts sont en jeu.

Reste un dernier point à discuter : que devient l'âme après la mort ?

L'âme meurt-elle avec le corps ? — La question est, comme nous l'avons fait observer au début de ce travail, d'importance *pratique :* elle vaut la peine d'être examinée et résolue, car si ce qui en nous pense, aime et nous donne quelque bonheur sur terre, disparaissait avec son enveloppe matérielle, il serait logique que l'homme recherchât toutes les jouissances ici-bas. Si, au contraire, l'âme survit, si elle doit dans un au-delà meilleur être payée en joies éternelles de toutes les peines et de tous les sacrifices que lui aura valu l'observation de l'austère loi du devoir, alors le bon sens veut que l'homme s'applique à mériter à tout prix ce bonheur durable et parfait. Or, la raison et le sens commun attestent que ce que nous appelons *la mort* est, en réalité, la naissance à une autre vie, dans laquelle nous serons punis ou récompensés (1), suivant notre conduite pendant notre passage sur cette terre.

1° *La raison.* — En s'examinant soi-même, on constate qu'il y a en nous des *tendances naturelles,* que nous ne parvenons jamais à satisfaire complètement. L'homme aspire au bonheur ; or, plus il s'enivre de jouissances de toutes sortes, plus il sent grandir la soif qui le torture. Le savant veut connaître ; toujours il se heurte à l'inconnaissable. L'artiste conçoit un idéal de beauté ; jamais il ne peut le réaliser... Est-il possible que celui qui a mis au cœur de l'homme ces immenses désirs ne nous permette pas de les voir un jour exaucés ? En vérité, on est en droit de dire avec Victor Hugo (2) :

(1) Voir note 2 à la fin du volume.
(2) *Actes et paroles; Avant l'exil;* 27 sept. 1847.

Sans une autre vie, « celle-ci ne serait digne ni de Dieu qui la donne, ni de l'homme qui la reçoit. »

Autre preuve tirée de la raison. Nous avons tous le sentiment, plus encore, la passion de la *justice*. Tous nous jugeons que certaines choses sont bien, donc permises, que d'autres sont mal, donc défendues (1) ; que, en outre, il faut au bien une sanction qui le récompense, au mal une sanction qui le châtie. Or, regardez marcher le monde. A chaque instant nous y voyons une justice boiteuse laisser fuir les crimes les plus habiles, parfois même frapper l'innocent. Constamment la force, l'audace ou la ruse, y triomphe contre tous les droits. Chaque jour, les maux de toutes sortes, souffrances physiques, épreuves morales, y accablent les meilleurs et les plus vertueux... Devant ce que nous considérons comme des « injustices du sort », comment ne point partager le sentiment de J.-J. Rousseau, écrivant dans *L'Émile* : « Quand je n'aurais d'autres preuves de l'immortalité de l'âme que l'oppression du juste, cela m'empêcherait d'en douter. Une contradiction si manifeste me forcerait de dire : Tout ne finit pas pour moi avec la vie ; tout rentre dans l'ordre à la mort. » Oui, comme l'affirme si énergiquenent V. Hugo, nos maux obligent Dieu, — et c'est bien là « l'éternel, l'indéracinable argument en faveur de la vie future. » (Caro)

Ajoutons encore, ne serait-ce que pour inviter à réfléchir ceux qui estiment que c'est rendre service à l'humanité « d'éteindre les lumières brillant aux cieux », ajoutons que supprimer l'au-delà de justice, c'est tuer dans le cœur de l'homme l'*espérance,* — cette force vive qui donne à ceux qui souffrent le courage de vivre, qui console les affligés, qui aide les déshérités de la terre à supporter sans révolte leurs misères. Ecoutons encore V. Hugo, dans un discours qu'il prononça à l'Assemblée nationale, le 15 janvier 1850, en faveur de l'enseignement religieux ; rarement il fut plus éloquent : « En donnant, dit-il, à l'homme pour but la vie ter-

____

(1) Voir note 3 à la fin du volume.

restre et matérielle, on aggrave toutes les misères par la négation qui est au bout ; on ajoute à l'accablement des malheureux le poids insupportable du néant, et, de ce qui n'est que la souffrance, c'est-à-dire la loi de Dieu, on fait le désespoir, c'est-à-dire la loi de l'enfer. De là de profondes convulsions sociales... La première des améliorations, c'est de donner aux malheureux l'espérance. Combien s'amoindrissent nos misères finies, quand il s'y mêle une espérance infinie ! » Vraiment on est amené à dire de la vie future, en paraphrasant le célèbre alexandrin de Voltaire parlant de Dieu : Si elle n'existait pas, il faudrait l'inventer.

2° Le *sens commun* s'unit à la raison pour proclamer l'immortalité de l'âme : toutes les religions ont enseigné la certitude d'une autre vie. La forme de cette croyance varie, mais le fond est partout le même : l'âme n'est pas ensevelie dans la tombe ; de notre corps elle passe, immédiatement ou après des migrations successives, soit dans un séjour de félicité sans égale, soit dans un lieu de souffrance éternelle.

Notre démonstration pourrait s'arrêter là : elle est complète. Poursuivons-la cependant, car elle va nous fournir un argument de plus en faveur de l'existence de celui que nous avons appelé l'Être nécessaire :

Comment expliquer cette foi *unanime* en une vie future ? Elle n'est pas le résultat d'une entente universelle, car on ne peut concevoir que tant de peuples, différents les uns des autres par la race, par les mœurs et les civilisations, par les pays et le temps où ils ont vécu, soient tombés d'accord sur ce point particulier. Elle n'est pas l'œuvre de l'étude ou de l'éducation : les peuplades primitives la possédaient, les tribus sauvages l'ont également. Elle ne vient pas non plus du fanatisme ou de l'ignorance : elle a pour elle les nations les plus cultivées comme les penseurs les plus profonds.

Pour expliquer que cette magnifique croyance ait existé de tout temps dans l'esprit de tous les peuples, il faut admettre qu'elle est inhérente à l'âme humaine. Et alors, la question déjà posée plus haut revient encore, toujours : qui donc a inscrit cette croyance en nous ? Et, de nouveau, nous sommes obligés de répondre : ce ne peut être qu'une intelligence autre que la nôtre, antérieure à la nôtre, celle qui nous a communiqué les principes du bien, du beau, du vrai, qui a mis en nous le sentiment de la liberté, le désir du bonheur, la passion de la justice...

La **conclusion** découle de soi. A ces sentiments abstraits qui ne correspondent à rien dans la nature visible et tangible, il faut une cause au-dessus de la nature. Tout comme l'existence du monde et l'ordre qui le gouverne, l'âme humaine prouve qu'il y a un Dieu. Le nier, c'est affirmer qu'il est des effets sans cause.

C. RELATIONS ENTRE L'HOMME ET DIEU [1]

Le lien qui rattache l'homme à Dieu constitue la **religion**. Ce lien, ces relations avec Dieu sont pour nous un devoir de reconnaissance, puisqu'il nous a donné la vie, puisqu'à chaque instant il nous la conserve en maintenant dans l'univers l'ordre qui assure notre existence. « La piété, a très justement dit Cicéron, n'est que la justice à l'égard des dieux. »

Mais, pour peu qu'on y réfléchisse, on constate que la religion est plus qu'une dette de reconnaissance que nous devons acquitter par simple honnêteté de conscience : c'est une obligation imposée par le Créateur à sa créature. En effet, *puisque Dieu est infiniment juste,* il doit nécessairement vouloir que, en retour de ses bienfaits, nous remplissions certains devoirs envers lui : **sa justice ne peut pas se payer de notre indifférence** (2). Evidemment, puisque nous

(1) D'après MOULARD et VINCENT, p. 100.
(2) Ce raisonnement nous a personnellement beaucoup frappé. Peut-être sans lui n'aurions-nous pas poussé plus loin notre étude, convaincu que nous étions, — comme tant d'autres, — qu'il suffit de *vivre en honnête homme,* pour avoir le droit de tout espérer dans l'au-delà.

sommes libres, nous pouvons nous refuser à cette obligation, — mais alors il n'est que juste que nous suppor-
tions plus tard la peine de cette infraction à la volonté
divine (1).

De ce seul fait la religion revêt, pour quiconque
croit en Dieu et à la vie future, un caractère d'utilité,
ou plus exactement de « nécessité » qui l'impose à notre
raison : *il est raisonnable d'admettre une religion*. Mais
laquelle ?

(1) Les questions traitées dans ce premier chapitre sont très
clairement exposées dans un petit livre dont nous n'avons eu
connaissance qu'après la rédaction de notre travail : *Dieu, l'âme
immortelle et la religion naturelle*, par Mgr FARGES (Berche et
Tralin, Paris, 1911).

II

IL EST RAISONNABLE

D'EMBRASSER LE CHRISTIANISME

Etant donné que nous devons *par raison* admettre une religion, il est de toute évidence que s'il a plu à Dieu de nous en dicter une, c'est celle-là que nous devons adopter. Or Dieu nous a fait savoir comment il entend que nous soyons reliés à lui par le moyen de la **Révélation**, c'est-à-dire par des communications faites d'abord à nos premiers parents, puis aux Juifs par l'intermédiaire de Moïse et des prophètes, enfin à l'humanité tout entière par le Christ et ses Apôtres.

La Révélation faite à Moïse et aux prophètes est consignée dans l'*Ancien Testament*. Elle a été plus tard complétée et précisée par le Christ et ses disciples, et exposée par ces derniers dans les Evangiles et autres écrits du *Nouveau Testament*. L'ensemble de ces livres, dits *Livres Saints*, constitue la *Bible* (1).

A. LA RÉVÉLATION

OBJET DE LA RÉVÉLATION

La Révélation contenue dans les Livres Saints comprend : 1° des vérités naturelles, accessibles à la raison ; 2° des vérités surnaturelles, des **mystères**, c'est-à-dire des vérités qui surpassent les forces de la raison.

Les mystères constituent-ils pour l'homme qui raisonne un obstacle à admettre la Révélation ? Nous ne le croyons pas, et voici pourquoi.

Les mystères sont au-dessus de la raison humaine ; c'est entendu ; mais ils ne sont pas *contre elle,* ils ne sont

(1) Tous ces livres sont inspirés (V. note 4 à la fin du volume) et par conséquent expriment la parole même de Dieu.

pas absurdes et ne renferment pas de contradictions en eux. Prenons par exemple le mystère de la *Trinité* : un seul Dieu en trois personnes. Il n'y a pas là un non-sens mental, une contradiction. La doctrine catholique, en effet, n'affirme pas qu'il y a trois dieux en un dieu, mais trois *personnalités* distinctes dans une seule *nature* divine (1) ; ces trois personnalités ne font pas plus trois dieux que la longueur, la largeur et l'épaisseur d'un corps ne font trois corps.

Reste que les mystères sont incompréhensibles. Or pour l'homme qui raisonne de sang-froid, cette incompréhensibilité semble toute naturelle. Il conçoit parfaitement que, de même que notre œil est incapable de voir en son entier un objet immense ou de fixer une lumière éclatante, de même notre raison est impuissante à comprendre pleinement des vérités qui lui viennent de l'*Etre infini*. Toutes nos facultés sont bornées, et l'obstination de l'incrédule tient en partie à ce qu'il prend ses conceptions pour l'exacte et suprême mesure du possible et de l'impossible.

Dernier argument. Si l'on se refuse à admettre la Révélation à cause de ses mystères, on doit du même coup rejeter les sciences naturelles, car elles sont aussi toutes basées sur des énigmes que vraisemblablement l'intelligence humaine ne parviendra jamais à déchiffrer. Nous constatons les manifestations de la vie, de l'électricité, de l'attraction... Mais qu'est-ce que la vie, l'électricité, l'attraction ? Mystères. « L'homme ne connaît le tout de rien » (Pascal); il doit en prendre son parti, surtout dans les questions où Dieu est en cause.

FAITS ATTESTANT L'ORIGINE DIVINE

DE LA RÉVÉLATION

Des considérations que nous venons d'exposer il résulte qu'il est déraisonnable de rejeter la Révélation parce qu'elle contient des mystères. Mais, avant de

____

(1) Abbé Gayraud, p. 36 et 83.

l'accepter comme l'expression de la volonté de Dieu, faut-il encore qu'elle nous donne les preuves do son origine divine.

Or, la seule preuve suffisante — parce que Dieu seul peut la fournir — de la divinité d'une révélation, c'est le *miracle*, et le miracle fait précisément pour accréditer cette révélation auprès des hommes. Sans miracles venant à l'appui d'une doctrine, le premier imposteur venu pourrait prétendre parler au nom de Dieu.

La question se ramène donc à ceci : la Révélation chrétienne est-elle prouvée par des miracles ? Elle l'est, en effet, par des faits miraculeux d'ordre physique (résurrection d'un mort, par exemple), d'ordre moral (conversion rapide du monde au Christianisme), d'ordre intellectuel ; les *prophéties* rentrent dans cette dernière catégorie.

Est miracle (1) tout fait qu'on ne peut s'expliquer par l'action des forces naturelles. Nous n'examinerons pas les faits de ce genre qui se sont produits de nos jours ; l'Eglise ne s'est pas prononcée à leur sujet. Lorsqu'il s'agit de la guérison de certaines maladies, nous convenons volontiers que l'on peut souvent invoquer la commotion morale ou la suggestion. Mais dans le cas de disparition rapide ou instantanée de graves lésions organiques dûment constatées, cette explication n'est guère admissible ; elle l'est moins encore pour les guérisons survenues chez de tout jeunes enfants ; elle ne l'est plus du tout quand le miracle s'effectue sur des objets inanimés. Or, les Livres Saints, et en particulier l'Évangile, relatent de nombreux faits de cette espèce : Jésus apaisant la tempête, multipliant des pains, ressuscitant des morts et se ressuscitant lui-même... Il suffit donc pour établir la réalité du miracle, de démontrer l'existence de ces faits comme l'on démontre un fait historique quelconque. C'est ce que nous ferons tout à l'heure.

Est prophétie toute annonce précise et certaine d'événements dont la connaissance ne peut se déduire

____

(1) Voir MOULARD et VINCENT, pp. 117 et 175.

des causes naturelles. En parcourant l'Ancien Testament, on relève l'annonce de nombreux événements qui se sont réalisés *quatre siècles* au moins après avoir été prédits (1). Le caractère miraculeux de ces prophéties découle nettement de l'impossibilité où l'on est d'expliquer par des causes naturelles la connaissance d'événements multiples qui, après plusieurs siècles, se sont accomplis dans leurs moindres détails, aux époques et dans les lieux désignés d'avance (2). Elles s'ajoutent donc aux miracles relatés dans l'Evangile pour démontrer l'origine divine de la Révélation chrétienne.

Peut-être dira-t-on que les prophéties ont été intercalées dans l'Ancien Testament postérieurement aux événements auxquels elles se rapportent. Cette objection est inadmissible pour cette simple et bonne raison que l'Ancien Testament a été conservé par le peuple juif, contre lequel les prophéties témoignent avec une évidence qu'il est seul à ne pas vouloir reconnaître. Elles ont donc une valeur inattaquable.

B. ORIGINE DIVINE
DE LA RELIGION CHRÉTIENNE

La Révélation faite aux hommes par la bouche du Christ renferme la doctrine, la morale et le culte, en un mot, la « religion » par laquelle Dieu entend que nous nous reliions à lui. Cette religion est la **Religion Chrétienne**. Comme gage de son origine divine et *pour justifier son droit d'affirmer* les vérités qu'elle nous propose, elle en appelle aux prophéties et aux miracles rapportés par les Livres Saints. Pour prouver la divinité du Christianisme, il faut donc tout d'abord démon-

(1) Les critiques rationalistes eux-mêmes reconnaissent que les Livres de l'Ancien Testament remontent au moins à huit siècles avant Jésus-Christ, et que les dernières prophéties datent de quatre siècles avant la venue du Messie.

(2) Elles prédisent de point en point ce que sera la vie entière du Christ, et avec une précision de détails extraordinaire. Voir note 5 à la fin du volume.

trer l'autorité historique des Livres Saints ; c'est ce que nous allons faire pour les Evangiles (1), qui nous ont conservé les enseignements du fondateur de cette religion.

Pour assurer à un document une autorité historique irrécusable, il faut (2) :

1° Que ses auteurs aient pu connaître les faits qu'ils racontent. — Or, la tradition attribue comme auteurs : au premier Evangile, saint Matthieu, *apôtre ;* au quatrième, saint Jean, également *apôtre* et confident intime du Christ ; au deuxième, saint Marc, disciple de saint Pierre, *Chef des apôtres ;* au troisième, saint Luc qui fut un familier de saint Paul, *apôtre;* qui, de plus, prend soin, dans le prologue de son Evangile, d'indiquer qu'il s'est appliqué « à connaître exactement toutes choses depuis l'origine » et qu'il les a apprises de « ceux qui ont été, dès le commencement, témoins oculaires et ministres de la parole » (LUC, I, 2-3).

On peut ajouter foi à cette tradition, attendu qu'elle consiste en témoignages précis, nombreux, provenant de sources très diverses et néanmoins *tous concordants;* que, d'autre part, ils ont été donnés dès le IIᵉ siècle, (c'est-à-dire à une époque très rapprochée du moment où furent écrits les évangiles (3), et qu'ils se continuèrent, avec la même unanimité, pendant les siècles suivants (4).

(1) Pour les autres Livres de l'Ancien et du Nouveau Testament, leur autorité historique dérive de celle des Evangiles. Ceux-ci, en effet, prouvent l'infaillibilité de l'Eglise, et l'Eglise reconnaît l'autorité historique des Livres en question, qui, d'ailleurs, n'est plus guère contestée par les critiques aujourd'hui.

(2) D'après VALVEKENS : *Foi et Raison,* p. 252, et MOULARD et VINCENT, chap. XII et XIII.

(3) Les trois premiers évangiles ont été composés à une époque (que l'on ne peut préciser, mais antérieure à la ruine de Jérusalem (an 70). Le quatrième évangile, celui de saint Jean, date de la fin du premier siècle.

(4) Parmi les écrivains dont nous possédons les ouvrages, citons seulement ceux qui apportent des témoignages formels aux quatre évangiles. Ce sont : vers 150, *saint Justin,* philosophe stoïcien converti; à la fin du IIᵉ siècle, *saint Irénée,* évêque de Lyon, et *Clément d'Alexandrie,* chef de l'école chrétienne de cette ville; au commencement du IIIᵉ siècle, *Origène,* autre docteur d'Alexandrie, et *Tertullien,* témoin de la tradition d'Afrique; au début du IVᵉ siècle,

On doit donc admettre que les évangiles ont été composés par des témoins de la vie du Christ ou par des contemporains ayant connu des témoins de la vie du Christ.

2ᶜ *Que ses auteurs aient donné un récit fidèle de ces faits.* — Or : *a) Les Evangélistes n'ont pas pu se tromper* sur la nature des faits qu'ils ont racontés, car ces faits, même quand ils sont miraculeux, sont trop sensibles, trop palpables, pour qu'il y ait eu méprise possible de la part de ceux qui en ont été témoins. — *b) Ils n'ont pas voulu nous tromper,* car ils n'avaient aucun intérêt à propager la sévère doctrine du Christ ; car ils ont tous subi le martyre pour soutenir ce qu'ils affirmaient être la vérité. On peut, par courage ou par fanatisme, mourir pour une « idée » que l'on croit vraie ; on ne donne pas sa vie pour des « faits » que l'on sait mensongers. Quant à croire que les paroles et les doctrines attribuées au Christ ne sont que des inventions des Evangélistes eux-mêmes, c'est inadmissible, car il est avéré que les Evangélistes étaient (à part Luc) de simples pêcheurs, sans instruction ni aucune préparation philosophique. — *c) Lors même qu'ils l'auraient voulu, ils n'auraient pu nous tromper,* car, les faits relatés dans les Evangiles ayant été publics, ils auraient certainement été contredits ou niés par les adversaires de l'Eglise naissante, si les récits qui en ont été faits avaient donné prise à la moindre contestation possible ; or, ils ont été acceptés pour exacts par les hérétiques qui, dès le premier siècle, s'élevèrent contre la doctrine prêchée par les envoyés du Christ.

Notons, enfin, que les quatre Evangélistes se ressemblent assez, dans leurs récits, pour qu'on ne puisse pas se méprendre sur l'identité des faits qu'ils rapportent ; qu'ils diffèrent assez pour démontrer qu'ils ne se sont pas copiés les uns les autres. Que, d'autre part, les

---

Eusèbe, écrivain grec... Nombreux autres témoignages dans MOULARD et VINCENT, p. 147, et dans BRASSAC, *Manuel biblique,* t. III, 1ʳᵉ partie. Dans ce dernier ouvrage on trouve, en outre, l'exposé et la discussion des critiques et des systèmes qui ont été opposés à l'Evangile depuis un siècle et demi.

détails dont fourmillent les évangiles sur les personnes, les contrées, les mœurs et les institutions de la Judée, sont en concordance parfaite avec les données des auteurs anciens et modernes sur ce pays.

3° *Que le récit des auteurs du document examiné ait été fidèlement transmis.* — Les manuscrits des évangiles ne sont point parvenus jusqu'à nous; cependant il est bien difficile de concevoir que les textes que nous possédons n'en reproduisent pas fidèlement la substance, étant donné que la traduction dont se sert actuellement l'Eglise catholique, la *Vulgate,* remonte à la fin du IV\ siècle. Or: *a)* De nombreux documents prouvent que, dans les premiers siècles, ceux qui propageaient la parole du Christ avaient le plus grand souci de remonter aux sources primitives (1). Ils ont donc dû, quand les évangiles furent écrits, les préserver soigneusement de toute adultération. *L'unité de croyances* qui exista dès le début dans toutes les églises, et fut constatée par Hégésippe, Denys, Celse (le Voltaire du II\ siècle)..., plaide également en faveur de l'unité, donc de l'intégrité des évangiles répandus alors dans le monde chrétien. — *b)* Le texte de la *Vulgate* se retrouve entièrement dans des documents antérieurs à elle, tels que le *Diatéssaron* publié en l'an 160, et trois versions syriaques datant du milieu du II\ siècle et découvertes récemment. Enfin, on peut reconstituer d'une manière suffisante tous les évangiles avec les citations recueillies dans les ouvrages des Pères de l'Eglise des trois premiers siècles. — Si nous ajoutons à cela que les principes fondamentaux des croyances chrétiennes d'aujourd'hui sont identiques à ceux qu'énumérait saint Irénée dans son *Adversus hœreses* en 190, il nous paraît impossible d'admettre que les évangiles aient subi des altérations notables au cours des siècles (2).

(1) Voir BATIFFOL : *L'Eglise naissante et le Catholicisme,* notamment aux pp. 118, 126, 143, 149, 160, 205 et 241.
(2) Contre cette thèse, on ne peut arguer des très nombreuses variantes que l'on relève dans les différents textes des évangiles. Elles s'expliquent aisément (V. MOULARD et VINCENT, p. 161). D'ailleurs, une douzaine à peine ont quelque importance, bien qu'elles n'entament nullement le fond de la doctrine (V. BRASSAC, p. 17).

Concluons donc que les évangiles reproduisent fidèlement la vie du Christ et ses enseignements. D'ailleurs, les discours qui y sont rapportés, décèlent leur caractère divin par leur sublimité, leur profondeur et leur clairvoyance. J.-J. Rousseau en témoigne éloquemment dans son *Emile* (livre IV) : « Voyez, dit-il, les livres des philosophes avec toute leur pompe ; qu'ils sont petits près de celui-là (l'Evangile) ! Se peut-il qu'un livre, à la fois si sublime et si simple, soit l'ouvrage des hommes ? Se peut-il que celui dont il fait l'histoire ne soit qu'un homme lui-même ?... Où est l'homme, où est le sage qui sait agir, souffrir et mourir sans faiblesse et sans ostentation ?... Oui, si la vie et la mort de Socrate sont d'un sage, la vie et la mort de Jésus sont d'un Dieu. »

L'autorité historique des évangiles étant ainsi établie d'une manière irrécusable, nous allons désormais nous appuyer sur eux pour démontrer l'origine divine de la Religion chrétienne.

DÉMONSTRATION INDIRECTE
DE LA DIVINITÉ
DE LA RELIGION CHRÉTIENNE

Cette démonstration (1) découle de la **divinité de Jésus-Christ**. Elle peut se réduire au syllogisme suivant : si Jésus est réellement le Christ ou Messie (2) envoyé par Dieu, la religion qu'il a fondée est divine. — Or Jésus s'est dit le Christ et même le Fils de Dieu. Cette affirmation mérite toute créance : elle a été confirmée par des prophéties et des miracles véritables. — Donc Jésus est bien le Christ, et la Religion chrétienne est divine.

(1) D'après VALVEKENS, p. 278.
(2) *Jésus*, abrégé du mot hébreu *Yehôsua*, « Jehovah (Dieu) sauveur ». *Christ*, de *Christos*, traduction grecque du terme hébreu *Mâsiah*, *Messie*, qui veut dire « saint, consacré ». Ce qualificatif signifie que Jésus a été consacré par son Père pour une fonction spéciale, celle de transmettre aux hommes la Révélation divine.

1° *Jésus s'est dit le Christ et le Fils de Dieu* à plusieurs reprises et notamment en plein sanhédrin, quand, sommé par le grand-prêtre Caïphe de déclarer, sous la foi du serment, s'il est « le Christ, le Fils du Dieu béni », il répondit : « Je le suis » (MARC, XIV, 61, 62) (1). — En outre, Jésus a maintes fois déclaré avec insistance que Dieu était l'inspirateur de ses paroles et de sa doctrine : « Toutes choses m'ont été transmises par mon Père » (LUC, x, 22). « Le Père qui m'a envoyé m'a lui-même ordonné ce que je dois dire et prêcher... Aussi les choses que je dis, je les dis comme le Père me les a dites » (JEAN, XII, 49, 50).

2° *L'affirmation de Jésus mérite toute créance.* — En effet, si elle était fausse, Jésus serait ou un imposteur (qui ne croit pas ce qu'il dit), ou un insensé (qui croit, mais ne sait pas ce qu'il dit). Or Jésus n'était pas un imposteur, car il n'est pas humainement possible de cacher, pendant toute une vie, sous les apparences d'une sainteté qui jamais ne s'est démentie, l'ignominie d'un mensonge aussi grossier qu'odieux. Jésus n'était pas un insensé : la sublimité et l'harmonie de sa doctrine et de son œuvre dénotent, au contraire, une intelligence surhumaine.

3° *Jésus a confirmé son affirmation par des prophéties et des miracles véritables.* — Il a prophétisé, avec une extrême précision, non seulement les détails de sa passion, de sa mort et de sa résurrection, mais aussi des événements qui ne se sont réalisés qu'après l'apparition des trois premiers évangiles, notamment : *a)* La destruction du temple : « Comme il sortait du temple, un de ses disciples lui dit : Maître, regardez quelles pierres et quelles constructions. Jésus lui répondit : Tu vois tous ces grands édifices, il n'en restera pas pierre sur pierre qui ne soit renversée » (MARC, XIII, 1, 2). — *b)* La ruine de Jérusalem et la dispersion des Juifs : « Ils tomberont sous le tranchant du glaive, et ils seront emmenés captifs dans toutes les nations, et Jérusalem

(1) Tous les textes évangéliques que nous citons ont été extraits de *La Sainte Bible, traduite et commentée d'après la Vulgate,* par FILLION, t. VII (Letouzey, édit. 1901).

sera foulée aux pieds par les gentils » (Luc, xxi, 24). —
c) La diffusion de l'Eglise par toute la terre : « Et cet
évangile sera prêché dans le monde entier... » (Matth,
xxiv, 14).

Arrivons aux prodiges accomplis par le Christ. *a) Ce
sont de vrais miracles* (1), car il est au-dessus des forces
humaines d'apaiser une tempête, de marcher sur les
eaux, de guérir *instantanément* un lépreux (Luc, v, 13)
ou un aveugle *de naissance* (Jean, ix, 1), de ressusciter un
mort mis au tombeau depuis quatre jours et qui « sent
déjà mauvais » (Jean, xi, 39), etc. — *b) Ces miracles
ont été dûment constatés :* la guérison de l'aveugle-né
fut l'objet d'une enquête rigoureuse de la part des pharisiens (Jean, ix, 13 à 34) ; la pêche miraculeuse se fit
devant « des foules » (Luc, v, 1) ; la multiplication des
pains eut cinq mille hommes pour témoins (Marc,
vi, 44), etc. — *c) Quant à la signification des miracles,*
elle est multiple. Ils sont avant tout des témoignages
visibles de la divinité de celui qui les accomplit : « Si,
dit Jésus dans une discussion avec les Juifs, si vous ne
voulez pas me croire, croyez à mes œuvres, afin que
vous connaissiez et que vous croyiez que le Père est en
moi » (Jean, x, 38). Et, lors de la résurrection de
Lazare, il déclare formellement qu'il opère ce miracle
pour que le peuple reconnaisse sa divine mission, « afin
qu'ils croient que c'est vous qui m'avez envoyé »
(Jean, xi, 42).

Dans d'autres circonstances, le Christ fait un miracle
pour prouver ce qu'il affirme : c'est ainsi qu'il guérit
un paralytique afin que les pharisiens sachent que « le
Fils de l'homme a sur la terre le pouvoir de remettre
les péchés », car il est plus facile de dire : « Tes péchés
te seront remis » que de dire : « Lève-toi et marche »
(Luc, v, 23, 24).

Enfin, très souvent les miracles sont des symboles
sous lesquels transparaît la doctrine divine. La pêche
miraculeuse est une image de l'apostolat ; « je vous

(1) Pour la discussion de la valeur des miracles et des prophéties
du Christ, voir Moulard et Vincent, chap. xiv à xvi, — et Brassac
p. 395 à 462.

ferai devenir pêcheurs d'hommes, » avait dit le Christ
à Pierre et à André, lorsqu'il les choisit pour disciples
(MATTH, IV, 19). La vue rendue aux aveugles repré-
sente la foi qui vient éclairer les âmes ; « Je suis venu
dans ce monde, afin que ceux qui ne voient pas voient »
(JEAN, IX, 39). La multiplication des pains est une
figure de l'Eucharistie, du « pain de vie » (JEAN, VI, 48).
La guérison des maladies et les résurrections symbo-
lisent le sacrement de pénitence qui délivre du péché et
fait renaître à la vie spirituelle, etc.

DÉMONSTRATION DIRECTE DE LA DIVINITÉ
DE LA RELIGION CATHOLIQUE

Elle nous est donnée par l'histoire du **développement de l'Eglise catholique** (1). Tout, en effet, dans
ce développement est miraculeux, autrement dit inexpli-
cable sans l'intervention directe et voulue de Dieu. Une
Eglise qui, malgré un grand nombre d'obstacles humainement insurmontables, et nonobstant les faibles
moyens dont elle disposait, 1° s'est propagée avec une
étonnante rapidité ; 2° s'est conservée pure pendant
dix-neuf siècles ; 3° a renouvelé la face de la terre, une
telle Eglise ne peut pas ne pas être d'origine divine.

1° *La rapidité de la propagation du christianisme* (2)
est reconnue par Renan, disant : « En cent cinquante
ans, la prophétie de Jésus s'était accomplie. Le grain
de sénevé était devenu un arbre qui commençait à couvrir le monde (3). »

Le caractère surnaturel de ce fait ressort : *a) Des
obstacles à surmonter*. La religion nouvelle heurtait de
front la loi vénérée de Moïse chez les Juifs, la supers-
tition invétérée pour les idoles chez les païens. Sa morale
condamnait la corruption universelle des mœurs, consacrée par les mystères du paganisme; ses dogmes

(1) D'après VALVEKENS, p. 355.
(2) Voir plus loin, p. 51.
(3) *Marc-Aurèle*, p. 446.

révoltaient l'orgueil de l'esprit humain. Elle était combattue par les calomnies et les moqueries du peuple, par la tyrannie des empereurs qui se traduisait en persécutions cruelles. — *b) Des moyens employés.* Pour surmonter de tels obstables, douze hommes du peuple, des pêcheurs pauvres et sans autorité, ignorants et sans éloquence, qui prêchent non pas le culte de l'or, de la gloire et du plaisir, mais le renoncement aux biens de la terre l'abnégation de soi-même et la mortification de la chair !

2° *L'Eglise, depuis dix-neuf siècles, subsiste sans avoir sacrifié aucun de ses dogmes,* tandis que toutes les institutions humaines, — écoles philosophiques, sectes religieuses, royaumes et empires, — se disloquent et disparaissent tour à tour.

Le caractère surnaturel de ce fait ressort : *a) Des obstacles à surmonter.* L'Église a été attaquée en tout (dans ses dogmes, sa morale, ses institutions), partout et toujours. Elle a eu à se défendre d'abord contre les persécutions sanglantes du paganisme, plus tard contre l'étreinte de l'islamisme. A maintes reprises elle a subi l'épreuve des schismes et des hérésies. On l'a combattue par la force ouverte (Révolution de 93 notamment) et les machinations secrètes (franc-maçonnerie...), par la corruption, par le mensonge et la calomnie. Aujourd'hui le rationalisme et l'indifférentisme religieux la sapent dans ses croyances spirituelles, tandis qu'une politique astucieuse tente de ruiner sa puissance temporelle et de la réduire par la famine. — *b) Les moyens dont elle dispose* pour repousser ces attaques, quels sont-ils ? La prière et la confiance en Dieu !

3° *Le Christianisme a renouvelé la face de la terre.* Avant le Christ, en effet, dans le monde romain et partout où régnait le paganisme qui avait divinisé la nature et les vices les plus infâmes de l'homme, la dépravation des mœurs avait tout envahi, même les temples. La liberté de l'individu n'existait que pour quelques privilégiés : d'après Chateaubriand, six millions d'hommes, qu'on appelait le peuple-roi, pressuraient, écrasaient, en les foulant aux pieds, cent vingt millions d'esclaves. La femme, méprisée, n'était qu'un être inférieur voué aux caprices et aux passions de l'homme ; l'enfant, une chose abandonnée à l'autorité arbitraire du chef de famille. L'égoïsme et la cruauté avaient éteint tout sentiment de justice et d'humanité. La pauvreté était une honte ; le travail, un objet de mépris. — *En substituant à l'amour de soi l'amour des autres,* le Christianisme a radicalement transformé les mœurs et les conditions sociales ; on ne peut le nier.

Le caractère surnaturel de ce fait est évident, si l'on considère les difficultés qu'on a pour faire changer la conduite et les convictions d'un seul individu. Or, ici ce n'est pas un individu, ce sont des peuples entiers qui, en quelques siècles, ont transformé leur organisation sociale, leurs mœurs et leurs croyances.

Concluons par ce dilemme que saint Augustin proposait aux incrédules de son temps et qui, jusqu'ici, n'a pas encore été réfuté :

Le monde a été converti au Christianisme ou par des miracles, ou sans leur concours. — Dans le premier cas, la Religion chrétienne est divine, car Dieu seul peut opérer de vrais miracles, et il ne peut les opérer qu'en faveur d'une religion vraie et divine. — Dans le second, la divinité du Christianisme n'est pas moins incontestable, car c'est le plus grand et le plus inouï de tous les miracles que de voir s'établir sans miracles une religion qui contrarie toutes les passions et a contre elle tous les intérêts des hommes. Admettre que cette religion s'est propagée, a duré et a bouleversé le monde sans concours miraculeux, *c'est dire qu'il est des effets sans cause,* puisque les moyens « humains » dont disposait le Christianisme sont absolument impuissants à les expliquer.

Le Christianisme est donc une religion d'origine divine.

Mais est-il la seule ? Oui, car parmi les dogmes enseignés par les autres religions, il en est qui sont en opposition formelle avec la doctrine qu'apporta le Christ à l'humanité (1). Or, comme on ne saurait admettre que Dieu puisse se contredire lui-même, on doit conclure que *le Christianisme est la seule religion qui a été dictée à l'homme par son Créateur,* — la seule, par conséquent, que la raison nous ordonne de reconnaître, de professer.

(1) Voir note 6 à la fin du volume. Réponse à l'objection : *Toutes les religions se valent.*

III

IL EST RAISONNABLE DE PROFESSER LE CATHOLICISME

Il nous reste à examiner quelle communion chrétienne est en possession de la véritable doctrine enseignée par le Christ. Pour résoudre cette question, il suffit de consulter l'Evangile.

A. CARACTÈRES
DE LA VÉRITABLE EGLISE DU CHRIST

Les évangiles nous apprennent que le Christ a fondé une institution, appelée Eglise, pour enseigner sa doctrine, et qu'il lui a conféré certains privilèges, entre autres l'infaillibilité. Ils nous donnent, en outre, les signes permettant de reconnaître cette Eglise d'une façon certaine. Etablissons ces différents points, textes en mains.

LE CHRIST A FONDÉ UNE ÉGLISE

Cette Eglise, il l'a promise avant sa Passion, lorsqu'il dit à Pierre :

« Et moi, je te dis que tu es Pierre, et que sur cette pierre je bâtirai mon Eglise,

Et les portes de l'enfer ne prévaudront point contre elle.

Et je te donnerai les clefs du Royaume des cieux ; et tout ce que tu lieras sur la terre sera lié aussi dans les cieux, et tout ce que tu délieras sur la terre sera délié aussi dans les cieux. » (MATTH. XVI, 18, 19).

Mon Eglise, c'est-à-dire la société de ceux qui embrasseront la foi du Christ.

Les portes de l'enfer ne se fermeront pas sur elle pour l'étouffer.

Les clefs : symbole de l'autorité. *Lier* ; défendre. *Délier* : permettre. Par ces mots, Jésus-Christ délègue le souverain pouvoir à Pierre, — et à ses sucesseurs, car, l'Eglise étant déclarée inébranlable, elle ne saurait durer si Pierre n'était pas remplacé après sa mort.

Cette Eglise, le Christ l'a réalisée après sa résurrection, lorsqu'il conféra à ses Apôtres (1) le triple pouvoir : 1° *d'enseigner :* « Comme mon Père m'a envoyé, moi aussi je vous envoie » (JEAN, XX, 21). « Allez donc, enseignez toutes les nations..., leur apprenant à observer tout ce que je vous ai commandé » (MATTH., XXVIII, 19, 20) . « Qui vous écoute, m'écoute ; qui vous méprise me méprise » (LUC, X, 16) ; — 2° *d'administrer,* de régler tout ce qui a rapport au culte : « Enseignez toutes les nations..., les baptisant au nom du Père, et du Fils, et du Saint-Esprit » (MATTH., XXVIII, 19). « Les péchés seront remis à ceux à qui vous les remettrez ; et ils seront retenus à ceux à qui vous les retiendrez » (JEAN, XX, 23) ; — 3° *de régir,* de gouverner le troupeau des fidèles, sous l'autorité supérieure de Pierre (voir plus haut la citation de MATTH., XVI, 18, 19).

En même temps qu'il assigne aux chefs de l'Eglise leurs pouvoirs, le Christ prescrit à ses membres leurs devoirs :

1° *Obligation de croire à sa* **doctrine** (2) *et d'obéir à l'Eglise :* « A quoi sert à l'homme de gagner le monde entier, s'il perd son âme ? » (MATTH., XVI, 26). « Celui qui croira et sera baptisé sera sauvé ; mais celui qui ne croira pas sera condamné (3) » (MARC, XVI, 16). — « S'il n'écoute pas l'Eglise, qu'il soit pour vous comme un païen et un publicain » (MATTH., XVIII, 17).

2° *Obligation d'observer la* **morale** *qu'il leur trace :* » Si tu veux entrer dans la vie, observe les commandements » (MATTH., XIX, 17). « Tu aimeras le Seigneur ton Dieu de tout ton cœur... Tu aimeras ton prochain comme toi-même. Il n'y a pas d'autre commandement plus grand que ceux-là » (MARC, XII, 30, 31). « Aimez vos ennemis, faites du bien à ceux qui vous haïssent...

(1) *Apôtres :* dans le sens des Ecritures Saintes signifie délégué, envoyé en mission immédiatement par le Christ.

(2) Il n'entre pas dans le plan de ce travail d'exposer la doctrine et la morale du Christ ; nous n'en indiquons donc que quelques traits caractéristiques, renvoyant ceux qui veulent juger sa religion en connaissance de cause aux ouvrages de M. H. LESÊTRE : *La Foi catholique* (1911), et de M. GIRODON : *Exposé de la doctrine catholique.*

(3) Voir note 7 à la fin du volume : *Hors de l'Eglise, point de salut.*

car si vous aimez ceux qui vous aiment, quelle récompense méritez-vous ? Les publicains ne le font-ils pas aussi ? » (MATTH., v, 44, 46). — « Pardonnez et on (Dieu) vous pardonnera » (LUC, vi, 37). — « Tout ce que vous voulez que les hommes fassent pour vous, faites-le vous-mêmes pour eux ; car c'est la Loi et les prophètes » (MATTH., vii, 12). — « Vous avez reçu gratuitement, donnez gratuitement » (MATTH., x, 8) « ... donnez beaucoup sans en rien espérer, et votre récompense sera grande » (LUC, vi, 35). — « Quiconque s'élève sera humilié, et quiconque s'humilie sera élevé (LUC, xviii, 14). « Bienheureux ceux qui ont le cœur pur, car ils verront Dieu. Bienheureux les pauvres en esprit, car le Royaume des cieux est à eux » (MATTH., v, 8, 3). Ces trois dernières maximes visent *les trois racines du péché*, l'orgueil, la luxure et l'attachement excessif aux biens de la terre. — Notons encore cette sentence qui trace à chacun l'étendue de ses devoirs envers le prochain : « A quiconque beaucoup aura été donné, beaucoup sera demandé » (LUC, xii, 48).

3° *Obligation de rendre un* culte *à Dieu : a) Par la prière :* « Il faut prier toujours et ne point se lasser» (1) (LUC, xviii, 1). « Et quoi que ce soit que vous demandiez *avec foi* dans la prière, vous le recevrez » (MATTH., xxi, 22). — *b) Par la réception des sacrements. Baptême :* « Aucun homme, s'il ne renaît par l'eau et par l'Esprit-Saint, ne peut entrer dans le Royaume de Dieu » (JEAN, iii, 5). *Pénitence :* « Les péchés seront remis à ceux à qui vous les remettrez... » (JEAN, xx, 23). *Communion :* « En vérité, je vous le dis, si vous ne mangez la chair du Fils de l'homme... vous n'aurez pas la vie en vous » (JEAN, vi, 53). Relativement au *mariage*, les règles du Christ sont très précises : « ... que l'homme ne sépare donc pas ce que Dieu a uni » (MATTH., xix, 6). « Je vous dis que quiconque renvoie sa femme, si ce n'est pour infidélité (2), et en épouse une autre, est

---

(1) C'est-à-dire : Il faut prier avec persévérance, et ne pas se décourager.

(2) Par là est autorisée la séparation de corps.

adultère (1) ; et que celui qui épouse une femme renvoyée commet un adultère » (MATTH., XIX, 9).

Ajoutons que *le culte ne peut aller sans la foi, et réciproquement.* Aussi Dieu n'agrée-t-il point les hommages de ces catholiques de nom, qui pratiquent avec ostentation, mais sans conviction profonde et sans réforme de la vie intime : « Malheur à vous, pharisiens, parce que vous payez la dîme, parce que vous aimez les premiers rangs dans les synagogues..., et que vous négligez la justice et l'amour de Dieu » (LUC, XI, 42, 43); et il jugera sévèrement ceux qui ont la foi dans le cœur, mais n'en font pas profession extérieure : « Car si quelqu'un rougit de moi et de mes paroles, le Fils de l'homme rougira de lui, lorsqu'il viendra dans sa gloire » (LUC, IX, 26).

LE CHRIST A CONFÉRÉ A SON ÉGLISE
CERTAINS PRIVILÈGES

1° **La perpétuité :** « Allez donc, enseignez toutes les nations... Et voici que je suis avec vous, tous les jours, jusqu'à la consommation des siècles » (MAT., XXVIII, 20).

2° **L'infaillibilité** (2) pour tout ce qui regarde la doctrine divine ou a, avec elle, une connexion nécessaire. Le Christ, en effet, a promis aux Apôtres, de leur envoyer l'Esprit-Saint, l'Esprit de vérité, qui demeurera éternellement en eux, « leur enseignera toutes choses, et leur rappellera tout ce qu'il leur a dit » (JEAN, XIV, 16, 17, 26).

De ces paroles, il ne faudrait pas conclure que tous les successeurs des Apôtres (les évêques) sont individuellement infaillibles ; ils ne le sont que quand ils forment un corps moralement uni au Souverain Pontife, et, d'une façon plus explicite, quand le Pape a confirmé ce qu'ils enseignent par une décision prise comme juge suprême de la foi, par ce qu'on appelle une

____
(1) Par là est défendu le divorce.
(2) D'après le P. OLLIVIER ; Carême 1897 ; 5ᵉ Confér.

définition (1). Le Christ, en effet, a concentré sur le chef de l'Eglise le privilège de l'infaillibilité, lorsqu'il dit à Pierre, après la dernière Cène : « J'ai prié pour toi, afin que ta foi ne défaille point ; et toi,... confirme tes frères » (Luc, xxii, 32). Cette infaillibilité de l'Eglise était nécessaire pour qu'elle durât, pour qu'elle fût perpétuelle, comme l'a voulu son fondateur. Nulle société, en effet, ne peut vivre sans union dans les esprits, réalisée par une communauté d'idées, — dans le cas présent, par une *unité de doctrine*, laquelle suppose nécessairement un corps enseignant divinement protégé contre l'erreur.

L'infaillibilité de l'Eglise est encore prouvée par l'*immutabilité de sa doctrine*. Comment expliquer, en effet, que les vérités essentielles que celle-ci contient aient été transmises sans variation durant dix-neuf siècles, malgré les défections de l'hérésie, les tracasseries des pouvoirs jaloux, les objections de la science et de la critique, malgré surtout la mobilité de l'esprit humain, si prompt à nier aujourd'hui ce qu'hier il considérait comme vérité intangible... comment expliquer ce fait étrange, si l'on n'admet pas un acte d'autorité divine conférant à l'Eglise le privilège qu'elle revendique ?

De l'infaillibilité de l'Eglise découle *pour le catholique* l'obligation de croire respectueusement à tout ce qu'elle lui enseigne, et d'accepter sans hésitation ni réserve tout ce qui a été défini comme *vérité de foi,* soit par le Pape seul, soit par le « corps de l'Eglise », c'est-à-dire par le Pape assisté de l'ensemble des évêques réunis en concile général. Mais, pour tout ce que l'Eglise considère comme douteux, il reste absolument libre dans ses croyances.

De cette infaillibilité dérive, d'autre part, *pour l'Eglise*, un devoir : certaine de posséder la Vérité, et en fournissant des preuves acceptables pour la raison, elle doit défendre sa doctrine divine contre ceux qui prétendent lui opposer des opinions humaines. Elle ne contraint personne à entrer dans son sein ; mais elle

____

(1) Voir Note 8 à la fin du volume.

anathématise, elle rejette loin d'elle ceux qui s'acharnent contre sa foi et s'obstinent à semer l'erreur (1). N'est-ce pas son droit en même temps que son devoir ?

LES ÉVANGILES DONNENT LES SIGNES CARACTÉRISTIQUES DE L'ÉGLISE

Les Evangiles donnent les signes caractéristiques de la véritable Eglise du Christ, les « notes » permettant de la reconnaître d'une manière facile et certaine.

1· Cette Eglise doit être apostolique, c'est-à-dire remonter aux Apôtres par la succession ininterrompue de ses chefs et par sa doctrine. Le Christ l'a voulu ainsi, car : *a)* Pour ses chefs ; c'est aux Apôtres *seuls* qu'il a confié la mission de prêcher son Evangile : « Comme mon Père m'a envoyé, moi aussi je vous envoie » (JEAN, XX, 21); « Allez donc, enseignez toutes les nations... » (MATTH., XXVIII, 19). Et cette mission, il l'a implicitement donnée aux successeurs des Apôtres, en promettant à ces derniers d'être avec eux jusqu'à la fin du monde. — *b)* Pour la doctrine ; où peut-on la trouver plus sûrement que chez ceux à qui le Christ a dit : « Voici que je suis avec vous, tous les jours, jusqu'à la consommation des siècles » (MATTH., XXVIII 20) ?

2° Elle doit posséder l'unité. Le Christ n'a institué qu'une Eglise, et en même temps l'a placée sous l'autorité d'un chef suprême : « *Sur toi*, dit-il à Pierre, je bâtirai *mon* Eglise » (MATTH., XVI, 18). De cette façon, « il n'y aura qu'un seul bercail et un seul pasteur » (JEAN, X, 16). — Outre cette unité de gouvernement, le Christ a spécifié qu'il y aura unité de doctrine : « Enseignez, dit-il aux Apôtres, tout ce que je vous ai commandé » (MATTH., XXVIII, 20). Et il défendit qu'on y change rien, pas même un trait ou un *iota* : « Celui qui violera l'un de ces plus petits commandements, *et qui enseignera les hommes à le*

______
(1) Voir note 9 à la fin du volume : *L'Eglise et l'Inquisition.*

faire, sera le plus petit dans le royaume des cieux »
(MATTH., v, 19).

3° Cette Eglise doit être catholique (du grec
katolikos, universel). « Allez dans le monde entier,
et prêchez toutes les nations. » Ce texte de saint Marc
(XVI, 15) indique que, pour être catholique, l'Eglise
doit avoir pour caractère principal *de se diffuser* et de
s'implanter dans tous les pays de l'univers où elle peut
pénétrer. Il ne suppose nullement, comme on le croit
quelquefois, que l'Eglise doive exercer une prépondé-
rance mondiale à une époque déterminée.

4° Enfin, elle doit être sainte, c'est-à-dire capable
de conduire, par sa doctrine et ses pratiques, à la vertu
et à la perfection morale qui fait des saints et des
martyrs. C'est ce que voulait le Christ en disant :
« Soyez donc parfaits, comme votre Père céleste est
parfait » (MATTH., v, 48).

B. QUELLE EST DONC LA VÉRITABLE ÉGLISE ?

L'Église romaine (ainsi appelée parce qu'à Rome est
le centre de son gouvernement, de sa doctrine et de son
culte) remplit seule intégralement les quatre conditions
que nous venons d'énumérer.

1° *Elle remonte aux Apôtres* par ses chefs et par sa
doctrine. En effet sa hiérarchie, ébauchée par les Apôtres,
se précisa rapidement, et vers l'an 110 fut définitive-
ment constituée avec un évêque dans chaque église ou
chaque groupement d'églises, des prêtres et des dia-
cres (1). D'autre part, la primauté de l'évêque de Rome
fut acceptée dès les premières années de l'Eglise, et s'est
transmise jusqu'à nos jours par une succession régulière
et ininterrompue de 258 papes légitimes.

L'Eglise Romaine est apostolique aussi par sa doctrine. Ses dogmes furent solidement établis au commencement du IIe siècle par le *Symbole des Apôtres* qui
résume la tradition du Christ en termes saisissants.

____

(1) BATIFFOL, page 158.

Avant la fin du premier siècle, son culte était déjà organisé dans ses grandes lignes. Aujourd'hui, l'Église enseigne comme jadis, comme toujours, ce qu'ont prêché le Christ et ses Apôtres, — rien de moins, rien de plus, non plus (1).

2° *Elle possède l'unité.* Unité de gouvernement avec un pape à sa tête, des évêques soumis au pape, des prêtres subordonnés aux évêques. Unité de doctrine et de culte : sous toutes les latitudes, tous les pays catholiques récitent le même Symbole, participent aux mêmes sacrements, mettent aux mains des enfants le même catéchisme.

3° *Elle est catholique, universelle.* Sa force d'expansion éclate dès le lendemain de la Pentecôte, où les Apôtres convertissent une foule innombrable. En l'an 64, trente ans seulement après la mort du Christ, la société qu'il a créée, est déjà si nettement caractérisée que la législation romaine distingue expressément les Chrétiens des Juifs. Un siècle et demi plus tard, en 190, saint Irénée constate que la religion du Christ s'est répandue en Orient, en Afrique, dans les Gaules, en Ibérie, en Germanie...; elle est déjà universelle (2). Aujourd'hui, s'adaptant aux nationalités les plus diverses, elle a pris pied partout, et, si elle perd dans quelques pays, elle gagne rapidement dans d'autres (États-Unis, Canada, Angleterre, Australie, Afrique, etc.).

4° *Enfin, l'Eglise Catholique Romaine est sainte* dans sa doctrine et sa morale, dans son institution, dans son culte et ses sacrements. La confession notamment est un ferment très actif d'intégrité morale et de sainteté. Voltaire la regarde « comme le plus grand frein des crimes secrets (3) ». Rousseau parle dans le même sens (4). Marmontel estime « qu'il n'est pas de meilleur moyen pour maintenir la jeunesse dans la pureté des mœurs (5). « Bref, dit Chateaubriand, on serait infini, si on voulait

(1) Voir note 10 à la fin du volume : *L'Eglise ne change pas.*
(2) BATIFFOL, pages 34, 70, 240, et MOULARD et VINCENT, page 221.
(3) *Dictionnaire philosophique* : art. Catéchisme.
(4) *Emile,* t. III, page 201.
(5) *Mémoires,* T. I, 1.

citer tous les philosophes qui considèrent la confession comme une des plus fortes barrières contre le vice, et comme le chef-d'œuvre de la sagesse » (1).

L'Eglise catholique est sainte aussi dans ses membres, car partout et à toutes les époques, elle a suscité des héros de vertu et des martyrs. — Il y a des exceptions, dira-t-on : soit. Mais remarquons que lorsqu'un membre de l'Eglise se rend coupable d'un scandale, la faute en est, non à ses croyances, mais à l'abandon et au mépris de ces croyances. — En réalité, auprès des païens, nous sommes tous des saints, et si notre moralité s'est élevée si haut, nous le devons à ce que, suivant la constatation de Taine, « le vieil Evangile est encore aujourd'hui le meilleur auxiliaire de l'instinct social (2) ».

Comparons maintenant les autres communions chrétiennes à l'Eglise Catholique.

Le **Protestantisme** (3) fut créé en Allemagne, au début du xvie siècle, par Luther. Groupant autour de lui tous les mécontents et notamment tous ceux qu'irritaient les désordres du clergé de cette période troublée, il déclara la guerre au pape. Une réforme de l'Eglise était nécessaire, il se donna pour mission de la ramener à sa pureté initiale, et pour cela se sépara brutalement d'elle. — Par ce fait, le Protestantisme n'est pas *apostolique* par son gouvernement. Il ne l'est pas non plus par sa doctrine, qui repose essentiellement sur le principe du « libre examen » : repoussant l'autorité de l'Eglise pour l'interprétation des Saintes Ecritures, il professe que chacun est libre de les examiner à la lumière de sa seule raison (Luther et Calvin), et d'en tirer la doctrine et la morale que personnellement il juge justes et convenables.

Sans qu'il soit besoin d'insister, on comprend ce qu'il

____

(1) *Génie du Christianisme*, Iᵉ partie, chap. vi.
(2) *Le Régime moderne*. t. II, p. 119. — De cette constatation de Taine, rapprocher celle d'un autre « penseur libre », Aug. COMTE : « Le catholicisme fut le promoteur le plus efficace du développement populaire de l'intelligence humaine ».(*Cours de philosophie positiviste*, t. V, p. 258).
(3) D'après MOULARD et VINCENT, pp. 321, 249 et 447.

doit advenir de l'*unité* de doctrine avec cette méthode incohérente : elle ne peut pas exister. Chacun voyant dans les textes sacrés ce qu'il lui plaît, il y aura autant d'opinions que de têtes. De là la division du Protestantisme en une multitude de sectes et de petites églises disparates. Une autre conséquence du libre examen est que l'esprit humain, découragé par cette anarchie dans les croyances, en vient à tout nier. Après avoir donné naissance au rationalisme biblique qui sévit en Europe depuis la seconde moitié du xviii° siècle, ce système a engendré l'indifférence religieuse et l'athéisme, qui constituent le fond de la libre pensée de notre époque; c'était forcé. — Inutile de dire que, dans le Protestantisme, il n'y a pas plus unité de gouvernement qu'unité de doctrine; passons.

A-t-il au moins la *catholicité ?* On pourrait le prétendre si sa doctrine était une, car il a fait de grands efforts pour se répandre dans le monde. Mais remarquons que ce qu'exportent ses prédicants, ce n'est pas une religion, c'est autant de religions qu'il y a d'églises dans l'œuvre de Luther; dès lors, on ne peut plus parler de la catholicité du Protestantisme. D'ailleurs sa diffusion est loin d'égaler celle du Catholicisme : il n'existe pour ainsi dire pas en Italie, en Espagne, en Autriche, et, à part les États-Unis, le Haut-Canada, les Indes anglaises et les archipels de l'Océanie, on ne le rencontre guère en dehors de l'Europe. Enfin nous pourrions ajouter qu'au point de vue numérique, l'Église catholique surpasse de beaucoup l'église protestante la plus nombreuse et même toutes les églises protestantes additionnées ensemble.

Reste la *sainteté.* Le Protestantisme n'a jamais eu ni saints, ni martyrs. Certes, il y a, parmi les protestants, des hommes vertueux, austères même ; mais s'ils sont tels, on peut affirmer que c'est surtout parce que leur droiture naturelle les guide et leur fait interpréter la Bible dans le bon sens ; sinon, que seraient-ils, étant donné que leur religion ne leur impose d'autre morale que celle qu'ils sont libres de se façonner eux-mêmes ?

L'Église grecque, bien qu'elle se qualifie d'ortho-

doxe, n'a pour elle aucune des « notes » de la véritable Eglise du Christ (1).

Séparée de Rome depuis 1054, elle n'est point *apostolique* par son gouvernement. Elle ne l'est pas non plus par sa doctrine : chaque secte tient pour ses croyances et exclut celles des autres. Quant au gouvernement suprême, il appartient en Russie au tsar, en Grèce au roi depuis 1833, en Asie-Mineure et en Turquie au sultan ! — La *catholicité ?* L'église grecque est cantonnée dans un coin de l'Europe et de l'Asie, et compte à peine 80 millions d'adeptes. — Enfin, pour la *sainteté,* elle n'a jamais, depuis sa rupture avec l'Eglise Romaine, produit ni saints, ni martyrs.

Concluons :

L'Eglise Catholique est seule de fondation divine, et — *puisque la raison nous oblige à professer une religion,* — cette même raison nous enjoint de pratiquer la Religion Catholique.

(1) D'après MOULARD et VINCENT, chap. XXVII.

COROLLAIRE PRATIQUE
POUR ALLER DE LA RAISON
A LA FOI [1]

Dans la démonstration qui précède, nous nous sommes uniquement appuyé sur la raison. Mais, quand il s'agit de la parole divine, nous devons nous attendre à ce que les vérités qu'elle nous apporte dépassent de beaucoup les limites de notre petite intelligence. Or, en disant : « Celui qui croira et sera baptisé sera sauvé ; mais celui qui ne croira pas sera condamné... Celui qui ne croit pas est déjà jugé (2) », le Christ a évidemment voulu exiger de nous une adhésion complète, absolue, à tout ce que Dieu nous a révélé par sa bouche ; il a voulu prescrire la « foi » à tout ce qu'enseigne l'Eglise qu'il a fondée pour nous transmettre sa doctrine.

Malheureusement, la foi n'est pas engendrée par la seule raison ; il faut quelque chose de plus pour croire : il faut un peu de bonne volonté. La raison nous fait voir que l'existence et l'ordre du monde impliquent nécessairement l'existence de Dieu ; que l'âme de l'homme est distincte de son corps, qu'elle est libre, et que ses tendances, ses aspirations supposent logiquement une vie future. Elle nous montre, d'autre part, que les motifs de croire à la Révélation et à l'origine divine de la Religion Catholique sont plus que plausibles. Mais elle ne peut guère aller plus loin ; il arrive un moment où il faut « se laisser faire par la vérité », si l'on veut croire, si l'on veut de la raison passer à la foi.

---

(1) D'après H. LESÊTRE, chap. I à III et XIX, — et l'abbé DE BROGLIE *Conférences sur la Vie surnaturelle*, t. III, 5ᵉ Conférence.
(2) MARC. XVI, 16 et JEAN, III, 18.

On est en possession de deux faits, démontrés *par la raison* : Dieu a parlé ; Dieu a confié à l'Eglise Catholique l'enseignement de sa parole, en lui promettant que l'Esprit de vérité serait éternellement en elle, afin de la prémunir contre toute erreur. Dès lors pourquoi ne pas croire *de foi* l'Eglise, qui nous transmet en toute certitude la parole d'un Dieu qui ne peut ni se tromper ni nous tromper ? *Il n'y a là rien de déraisonnable* : à chaque instant, il nous arrive de croire, de tenir pour certaines, des choses que nous ne comprenons pas, sur la simple affirmation de ceux qui les connaissent mieux que nous.

Si l'on n'est point convaincu de la vérité de ces deux faits ou si l'on a des doutes sur un autre point fondamental de la doctrine (existence de Dieu, par exemple), alors on doit étudier de nouveau ce qui paraît obscur. Se rappeler que Dieu nous fait une obligation de cette recherche, car nous le répétons : *sa justice ne peut pas se payer de notre indifférence.*

Si, au contraire, on se sent plus près de croire que de ne pas croire, si l'on n'a de doutes que sur quelques points secondaires, on les fera taire aisément en cessant de regarder les objections pour ne voir que les preuves (1). Dans ce cas, ne pas hésiter, dire : Je crois. « On s'imagine qu'il est nécessaire d'avoir dissipé tous les doutes avant de franchir le dernier pas ; au contraire, il faut *faire le plongeon* pour en arriver à tout voir, à tout comprendre. Dieu récompense ainsi notre foi et notre simplicité (2). »

Lorsqu'on est dans ces dispositions d'esprit, la foi vient à qui la cherche. Deux moyens hâteront son éclosion, — nous en parlons par expérience personnelle ; ces moyens sont la méditation et la prière. Ils nous ont été indiqués par Maine de Biran dans son *Journal intime* : « Pour naître à cette vie supérieure de la foi, dit-il, deux conditions : *premièrement désirer*, sentir ses

---

(1) « Le Christianisme est un fait. Puisque vous ne doutez pas des preuves de ce fait, il ne s'agit plus de choisir ce qu'on croira et ce qu'on ne croira pas. » (Fénelon.)

(2) Lady Herbert of Lea, citée par Valvekens, p. 56.

besoins, sa misère, sa dépendance, et faire effort pour
s'élever plus haut ; *secondement prier*, afin que vienne
l'esprit de sagesse, qui n'arrive qu'autant que la voie
lui est préparée. »

Sentir ses besoins, sa misère, sa dépendance, c'est,
au point de vue matériel, comprendre et convenir
loyalement que l'on doit tout à Dieu, qui a créé et qui
maintenant conserve et gouverne le monde. C'est, au
point de vue moral, « reconnaître la vanité de sa raison
et de sa science, de sa force et de sa volonté, de ses
ambitions, de ses intérêts ; en un mot, c'est confesser
son propre néant... *Celui qui prend pleinement conscience de sa misère et de son néant, celui-là croira* »
(P. DIDON). Telle est la première condition pour ouvrir
son âme à la foi.

Quant à la seconde, elle a été formulée par le Christ
lui-même, disant : « Il faut prier toujours et ne point
se lasser » (LUC, XVIII, 1). « Demandez, et l'on vous
donnera ; cherchez, et vous trouverez ; frappez à la porte,
et l'on vous ouvrira » (LUC, XI, 9). — Celui même qui
ne croit pas peut prier, comme le P. Gratry, encore
incrédule, en s'écriant avec toute la sincérité de son
âme : « O Dieu, si tu existes, réponds-moi. Si tu as parlé
aux hommes, aide-moi à connaître ta parole ! » Il ne
l'invoquera pas en vain. — Pour ceux qui croient, Jésus
leur a enseigné comment ils doivent prier :

« Ne multipliez pas les paroles en priant, dit-il à ses
disciples dans son discours sur la montagne, comme le
font les païens, qui s'imaginent être exaucés à force de
paroles. Ne leur ressemblez donc pas, car votre Père
sait ce dont vous avez besoin avant que vous le lui
demandiez. Vous prierez donc ainsi : Notre Père, qui êtes
aux cieux, que votre nom soit sanctifié, que votre règne
arrive, que votre volonté soit faite sur la terre comme
au ciel. Donnez-nous aujourd'hui notre pain quotidien.
Pardonnez-nous nos offenses, comme nous pardon-
nons à ceux qui nous ont offensés. Ne nous laissez pas
succomber à la tentation, mais délivrez-nous du mal
(MATTH., VI, 7 à 13 et LUC, XI, 2 à 4).

Cette prière est comme le type de toutes celles que les

hommes peuvent faire. Elle débute par une parole d'amour pour le Dieu bon, qui est *notre Père* dans les cieux. Puis viennent trois demandes se rapportant à la gloire du Créateur et Maître, dont nous souhaitons l'extension, et à laquelle nous voulons travailler par notre soumission à sa volonté. Le *Pater* témoigne ensuite de notre confiance envers celui qui nourrit toute créature, en lui réclamant le pain de chaque jour. Puis il exprime le repentir, en implorant du Souverain Juge le pardon de nos offenses, et rappelle en même temps que nous devons aimer notre prochain et lui pardonner, si nous voulons nous-mêmes être pardonnés. Enfin, pour l'âme, il demande des secours dans la tentation, et la protection contre le Mauvais qui nous pousse au mal.

On le voit, dans sa simplicité, cette prière est complète et faite pour l'humanité entière. Le *Pater* est la prière dans sa forme idéale, nécessaire, absolue. Inutile donc, pour celui qui cherche la foi, de « multiplier les paroles en priant », qu'il répète simplement le *Pater* avec persévérance, et fasse confiance à Dieu qui ne saurait abandonner les hommes de bonne volonté.

NOTES ET RÉPONSES

A QUELQUES OBJECTIONS

NOTE 1 : VOIR P. 14

L'HYPOTHÈSE DU TRANSFORMISME

AU POINT DE VUE CATHOLIQUE

Dans les limites que nous avons tracées, la théorie transformiste peut parfaitement s'accorder avec la *Genèse* (I, 25, 26) : « Dieu fit les bêtes de la terre, selon leur espèce... Puis Dieu dit : Faisons l'homme à notre image, selon notre ressemblance, et qu'il domine sur toute la terre... »

De ce texte, il est légitime de déduire qu'il y eut, à l'origine du monde, plusieurs types d'espèces, — et spécialement l'espèce Homme. Or, rien n'empêche d'admettre, à titre d'hypothèse, que chacune de ces espèces ait graduellement évolué vers des formes plus parfaites, tout en conservant les caractères fondamentaux qui la distinguaient primitivement. Il se peut également que, au lieu de se perfectionner, certaines d'entre elles aient dégénéré.

Cette manière de voir est celle de plusieurs savants catholiques, notamment de M. A. Gaudry, professeur de paléontologie au Muséum. On ne peut objecter contre elle que les dissemblances existant entre les races humaines sont telles qu'on ne saurait raisonnablement admettre qu'elles sont toutes sorties d'un couple unique. Ces différences ne sont pas plus étonnantes que celles que l'on constate entre les diverses races d'animaux, de chiens ou de pigeons, par exemple.

NOTE 2 : VOIR P. 25

L'ÉGOÏSME CHEZ LES CATHOLIQUES

Si le catholique, dit-on, voit dans la vie future une récompense, il fait le bien par intérêt personnel, tranchons le mot, par égoïsme.

Rien n'est plus contraire à l'esprit de l'Eglise, qui impose l'obligation de pratiquer le bien et d'éviter le mal *pour eux-mêmes*, en dehors de toute considération de récompense ou de châtiment. Sa doctrine, sur ce point, découle de cette parole mémorable du Christ : « Tu aimeras le Seigneur ton Dieu de tout ton cœur... Tu aimeras ton prochain comme toi-même. Ces deux commandements renferment toute la loi et les prophètes » (MATTH., XXII, 37, 39, 40). Pour aimer son prochain comme soi-même, ne faut-il pas s'oublier, *se donner soi-même* sans mesure, sans restriction, et par conséquent faire disparaître en soi toute trace d'égoïsme ?

NOTE 3 ; VOIR P. 26

LE BIEN ET LE MAL, DIT-ON,
SONT RELATIFS [1]

Beaucoup de gens s'étonnent de ce que ce qui est considéré *bien* par un homme ou chez un peuple est réputé *mal* par un autre homme ou chez un autre peuple. Cela tient : 1° A ce que certains hommes, bien qu'ayant parfaitement conscience de ce qu'ils doivent faire, souvent ne le font pas, soit par faiblesse de volonté, soit parce que leur esprit est momentanément obscurci par les intérêts en jeu ou par les passions. Entraînés, ils se laissent aller une première fois, puis une seconde..., peu à peu le remords s'efface, *et ils en arrivent à être persuadés que l'acte mauvais est parfaitement licite.* — 2° Fréquemment aussi à ce que notre esprit est inhabile à discerner clairement sa loi morale, et surtout à en tirer des déductions logiques.

(1) D'après E. BRUNETEAU : La loi naturelle ; *Revue de Philosophie,* 1911, 7.

Exemple : il est légitime de défendre sa vie, sa famille, la tribu ou la cité. De ce principe *vrai*, une foule de peuples a conclu *à tort* qu'il est permis de traiter l'étranger en ennemi, de le voler et même de le tuer (voir nombreux exemples dans l'article de M. Bruneteau).

Or il est à remarquer que le principe de la distinction entre le bien et le mal n'est nullement détruit par ces faits. Altéré pour les raisons que nous venons d'exposer, il varie dans ses applications, dans ses objets, mais il n'en existe pas moins chez tous les hommes et a existé de tous les temps. Les documents écrits que nous ont laissés une quinzaine de générations (Voir Paul JANET, *La Morale,* p. 422 à 446), en témoignent : *tous sont d'accord sur les principes les plus généraux de la loi morale.* De plus, jamais on n'a découvert une fraction notable de l'humanité qui n'ait le sentiment que certaines choses sont permises, d'autres défendues.

NOTE 4 ; VOIR p. 30

DE L'INSPIRATION DES LIVRES SAINTS

L'Eglise Catholique enseigne que tous les livres de l'Ancien et du Nouveau Testament ont été inspirés. Par là, elle entend affirmer qu'ils ont eu Dieu pour auteur, dans ce sens que Dieu a poussé certains hommes à écrire, et, lorsqu'ils écrivaient, les a assistés de telle sorte qu'ils ont dû exprimer avec une infaillible justesse les vérités que lui, Dieu, voulait leur faire dire, ou celles qu'ils pouvaient concevoir par eux-mêmes.

Comme preuves de cette affirmation, l'Eglise donne : d'une part, l'harmonie parfaite que présentent entre eux tous les auteurs sacrés, bien qu'ils aient écrit à des époques très distantes les unes des autres ; d'autre part (pour les livres de l'Ancien Testament), ce fait extraordinaire que toutes les prophéties relatives à la vie du Christ et à l'histoire d'Israël se sont exactement réalisées ; voir note suivante. — Pour les autres preuves voir *Dictionnaire de la Bible,* fascic. XIX, art. Inspiration, par E. MANGENOT.

Note 5 ; voir p. 33

PROPHÉTIES

RELATIVES A LA VIE DU CHRIST (1)

Ces prophéties tirent leur valeur de ce qu'elles se sont réalisées, non pas sur quelques points, mais dans leur ensemble qui porte sur la vie entière du Christ. En effet, tous les traits essentiels de l'existence du Messie se retrouvent clairement dans les livres de l'Ancien Testament :

Sa race abrahamique : « Le Seigneur dit à Abraham : En ta postérité seront bénies toutes les nations de la terre » (Gen., xxii, 18).

Sa descendance de Jacob, par un de ses fils nommé Juda : « Une étoile sortira de Jacob; un sceptre s'élèvera d'Israël » (Nombr., xxiv, 17). « Jacob, mourant, dit à ses fils : Rassemblez-vous et je vous annoncerai ce qui vous arrivera à la fin des jours... Le sceptre ne se retirera point de Juda jusqu'à ce que vienne Celui à qui les peuples obéiront » (Gen., xlix, 1, 10).

Sa naissance d'une Vierge à Bethléem : « Une Vierge concevra et enfantera un fils, et on l'appellera du nom d'Emmanuel (2) » (Isaïe, vii, 14). « Et toi, Bethléem..., c'est de toi que sortira pour moi Celui qui doit dominer en Israël » (Michée, v, 1).

La fondation de l'Église : « C'est Lui qui bâtira une maison à mon nom, et je rendrai son royaume inébranlable » (II Sam., vii, 13).

L'annonce de l'Évangile : « Qu'ils sont beaux les pieds de Celui qui apporte la bonne nouvelle (3), qui publie la paix, qui publie le salut » (Isaïe, lii, 7).

Ses miracles : « Voici votre Dieu..., il viendra lui-même et vous sauvera. Alors les yeux des aveugles s'ouvriront, les oreilles des sourds entendront. Le boiteux bondira comme un cerf... » (Isaïe, xxxv, 4, 5).

L'insuccès de son apostolat auprès des Juifs : « Le

_____

(1) D'après le P. Didon : *Jésus-Christ*, p. 52. — et l'Abbé Crampon : *La Sainte Bible*, traduction d'après les textes originaux (Desclée, édit. 1904).

(2) *Emmanuel* signifie Dieu avec nous : *Jésus*, Dieu sauveur.

(3) *Évangile* signifie textuellement bonne annonce, bonne nouvelle.

peuple que j'avais élu pour mon héritage a poussé contre moi des rugissements ; aussi l'ai-je pris en haine » (JÉRÉMIE, XII, 8.)

Son entrée à Jérusalem : « Pousse des cris d'allégresse, fille de Jérusalem ! Voici que ton Roi vient à toi, humble et monté sur le petit d'une ânesse » (ZACH., IX, 9).

Sa trahison par un de ses apôtres : « Tous mes ennemis chuchotent ensemble contre moi..., même l'homme qui était mon ami, qui avait ma confiance et qui mangeait mon pain, lève le talon contre moi » (Ps., XLI, 8, 10).

La haine dont il est poursuivi : « Les rois et les princes de la terre se sont ligués contre le Seigneur et contre son Christ » (Ps., II, 2). « Condamnez-le à la mort la plus honteuse, car, sans doute, selon qu'il s'en vante, Dieu aura souci de lui » (SAG., II, 20).

Tous les détails de sa passion et de sa mort : « Tous ceux qui me voient ont la raillerie sur les lèvres : Qu'il s'abandonne à Jehovah ; qu'il le sauve, puisqu'il l'aime... Ils ont percé mes mains et mes pieds... Ils se partagent mes vêtements et tirent ma tunique au sort » (Ps., XXII, 8, 9, 17, 19). « Dans ma soif, ils m'abreuvent de vinaigre » (Ps., LXIX, 22). « ... Et sur moi fondent les terreurs de la mort » (Ps., LV, 5).

Enfin sa résurrection : « Ils m'ont jeté dans une fosse, et ont roulé une pierre pour m'y enfermer » (LAMENT., III, 53). « Mon âme est dans l'allégresse, mon corps lui-même repose en sécurité, car vous ne permettrez pas que celui qui vous aime voie la corruption dans le tombeau » (Ps., XVI, 9, 10).

N'est-on pas autorisé à dire du Christ que, avant qu'il fût né, son histoire était écrite ?

NOTE 6 ; VOIR P. 43.

TOUTES LES RELIGIONS SE VALENT

On entend partout dire aujourd'hui : *Toutes les religions se valent ;* et l'on en conclut, sans plus ample examen, qu'il est indifférent de pratiquer la religion du Christ ou une autre.

Toutes les religions se vaudraient sans doute, s'il n'y

en avait pas une dictée par Dieu. Or, nous croyons avoir établi l'origine divine du Christianisme sur des raisons suffisamment *raisonnables* pour justifier une conviction.

On peut objecter que les autres religions ont été voulues, elles aussi, par Dieu. Mais alors pourquoi aucune d'elles n'est-elle authentiquée par le sceau de sa toute-puissance ? Il n'est pas un de leurs miracles qui ne soit ou équivoque, ou fantastique, ou simplement puéril ; pas une de leurs prophéties qui ait été vérifiée par les événements.

Et puis, si ces religions émanent de Dieu, comment se peut-il qu'elles entrent toutes en contradiction avec la doctrine du Christ (1)? Le *Judaïsme* nie le Messie; l'*Islamisme* l'accepte, mais voit en lui un simple prophète et non un Dieu incarné ; de plus il refuse le dogme de la Trinité. Dans le *Brahmanisme primitif*, il n'y a pas de Dieu créateur : tout est dans Brahma, ou mieux tout est Brahma, puisque le monde n'est qu'une apparence, la vie qu'une illusion. Le *Néo-Brahmanisme* ou *Hindouïsme* admet, au contraire, plusieurs dieux, Vichnou, Civa, Krishna... Dans le *Bouddhisme* de Çakià-Mouni, pas d'Etre suprême non plus ; cette religion divinise les hommes qui parviennent à étouffer en eux tout désir (2) et leur promet l'anéantissement dans le Nirvâna. Comme le Brahmanisme, elle a dégénéré en un culte idolâtre de dieux multiples. Le *Confucianisme* reconnaît un seul Dieu, mais adore en même temps une multitude d'esprits accessoires. Enfin, le *Paganisme gréco-romain* avait identifié la divinité avec la nature. Comment admettre que ces doctrines si discordantes aient été inspirées par le Dieu du Christianisme?

Pourtant, il y a dans ces diverses religions des points communs, des ressemblances. Soit. Mais elles s'expliquent aisément par ce fait qu'une religion, quelle qu'elle soit, a toujours pour but de satisfaire certaines aspirations de la

---

(1) D'après l'Abbé DE BROGLIE : *Histoire des Religions* (Putois-Cretté, Paris).

(2) Dans cette doctrine la suppression de tout désir a comme corollaire le renoncement à toute espèce d'œuvre, car désir et œuvre ne sont qu'une seule et même chose (H. JOLY ; *Psychologie des Saints*, p. 9). Le Bouddhisme est donc la négation de toute activité individuelle, de tout progrès social. C'est cependant cette religion que, depuis quelque trente ans, on s'efforce d'implanter chez nous sous le nom de *Théosophie,* en nous la présentant comme une doctrine philosophique de haute valeur morale.

nature humaine. Tous les hommes ont le besoin de croire à quelque chose ; tous craignent l'invisible, le surnaturel ; tous aspirent inconsciemment à une vie future ; tous ont une notion plus ou moins précise du bien et du mal... Alors quoi d'étonnant à ce qu'on retrouve ces mêmes éléments dans toutes les religions ?

Ce ne sont pas les ressemblances qu'il faut regarder, mais les différences.

Or le Christianisme se distingue de toutes les religions par une supériorité qu'il est impossible de contester. Son *culte*, essentiellement digne, n'a jamais versé dans les superstitions absurdes et dégradantes des religions idolâtriques, ni dans les pratiques obscènes ou cruelles du paganisme. Sa *doctrine* si logique (c'est ce qui nous a le plus vivement frappé dans l'étude du Christianisme), et sa morale si pure, si sublime, ont plus que celles de toute autre religion élevé l'homme au-dessus de lui-même, et ont réalisé des œuvres qui stupéfient par leur grandeur et leur portée sociale. N'est-ce pas le Christianisme qui a formé la civilisation européenne (1)? Qu'on la compare avec la semi-barbarie des peuples dont l'évolution est liée à la pratique du Bouddhisme, du Brahmanisme, de l'Islamisme... Après quoi on se laissera peut-être moins facilement conter que toutes les religions se valent.

NOTE 7 : VOIR P. 45

HORS DE L'ÉGLISE, POINT DE SALUT (2)

« Celui qui croira et sera baptisé, sera sauvé ; mais celui qui ne croira pas sera condamné. » De cette parole du Christ on a tiré la maxime : *Hors de l'Eglise, point de salut*, que les incrédules reprochent durement à l'Eglise, en l'accusant de damner tous ceux qui ne pensent pas comme elle. La logique se refuse à l'interpréter ainsi.

Le bon sens nous dit, en effet, qu'un Dieu juste ne peut damner ni les hommes qui n'ont jamais entendu parler du Christ et de son Eglise, ni ceux qui connaissant cette

(1) Nombreuses preuves historiques dans *Histoire partiale et Histoire vraie*, t. I, par J. GUIRAUD, directeur de la *Revue des Questions historiques.*
(2) D'après MOULARD et VINCENT, p. 289 et 133.

Eglise, professent une autre religion avec l'intime conviction qu'elle est vraie, voulue par Dieu. Ces hommes seront jugés sur leur conduite, et l'Eglise enseigne qu'ils seront sauvés si, à défaut de la loi du Christ, ils ont suivi en tout la voix de leur conscience.

Ne seront donc damnés pour leurs croyances que les hommes qui se tiennent ou se mettent *sciemment et volontairement* hors de l'Eglise. L'intention fait tout, et si elle ne va pas de parti pris contre l'Eglise, on peut espérer le pardon, car « quelque pesante que soit la justice divine sur la race humaine, le dernier mot du gouvernement divin n'est pas à la justice, mais à la miséricorde » (P. Didon).

Note 8 : voir p. 48

DE L'INFAILLIBILITÉ DU PAPE (1)

L'infaillibilité du pape n'est pas une inspiration lui révélant des vérités nouvelles. Elle consiste en une assistance surnaturelle de l'Esprit-Saint, qui vient diriger sa pensée et l'empêcher de se tromper, lorsqu'il a à se prononcer sur l'interprétation d'un point de doctrine *déjà contenu dans la Révélation divine* ou s'y rattachant par une connexion nécessaire, — et seulement dans ces circonstances.

Le pape n'est donc infaillible que quand il parle pour « définir », pour fixer le sens soit des vérités dogmatiques ou morales tirées de la Révélation, soit de vérités naturelles, comme l'existence et les attributs de Dieu, de l'âme... Il faut, en outre, qu'il parle à titre de Chef de l'Eglise, « *ex cathedra* », et montre par sa manière de s'exprimer qu'il entend *définir*, enseigner un point sur lequel il n'y aura plus désormais à revenir.

En dehors de ces conditions très limitées, lorsqu'il s'exprime, fût-ce sur un point de dogme ou de morale, comme simple particulier, il est homme, et comme tel peut se tromper. A plus forte raison, cet homme n'est pas impeccable ; il y a eu de mauvais papes qui ont

(1) D'après le P. Monsabré : Carême 1882, p. 102.

déshonoré la société chrétienne par leurs scandales. Mais, si l'Eglise a pu souffrir de leurs prévarications, sa doctrine n'en a nullement été ébranlée, car ces hommes corrompus sont, malgré eux, restés papes dans l'exercice de leur privilège d'infaillibilité : jamais ils n'ont enseigné de faux dogmes ni une morale pervertie.

NOTE 9 : VOIR P. 49

L'ÉGLISE ET L'INQUISITION

Pour réprimer les hérésies, l'Eglise se sert d'armes spirituelles, la pénitence, l'excommunication et, en dernier ressort, l'anathème ; jusqu'ici rien que de juste. Mais on l'accuse d'avoir, à une époque de l'histoire, voulu imposer ses croyances par la force et la violence. Nous faisons allusion à l'*Inquisition*.

Pour juger sainement de ce que furent la part et la responsabilité de l'Eglise dans cette institution, il faut connaître les partis en présence. D'un côté, les divers Etats de l'Europe, intimement alliés à l'Eglise, constituant de véritables sociétés chrétiennes, dans lesquelles la foi et la loi de l'Eglise sont devenues la foi et la loi des Etats. De l'autre, des hérésies qui, non contentes de s'attaquer aux dogmes chrétiens, prennent, vers l'an mil, un caractère nettement antisocial(1); qui, un peu plus tard, essaient, à plusieurs reprises, de faire prévaloir leurs théories politico-religieuses par l'émeute, l'incendie, le pillage et les massacres; qui, en un mot, deviennent un danger pressant pour l'Eglise et pour les Etats.

C'est dans ces conditions que le Saint-Siège fonda au début du xiiiᵉ siècle, un tribunal, réclamé par les peuples et par les rois, pour réprimer l'hérésie agressive et envahissante. Comment fonctionna ce tribunal ? De nombreux

---

(1) La plupart de ces hérésies, (Manichéens, Cathares, Albigeois, Vaudois), condamnaient formellement le mariage, base de la famille et de la société. Certaines d'entre elles prêchaient, en outre, la communauté des femmes et des biens, et enseignaient que l'homme ne doit pas obéissance aux autorités ecclésiastiques, ni même aux autorités civiles. Leurs doctrines, en un mot, répondaient exactement à celles des *anarchistes* de l'époque actuelle.

documents (1) témoignent que l'Inquisition, partout où elle ne s'inspira que de l'esprit de l'Eglise, jugea avec toutes les garanties d'équité désirables. Son principe était d'amender, de convertir, si possible, le coupable. Elle n'infligeait dans la plupart des cas que des châtiments moraux, et ne livrait aux rigueurs des lois civiles que les hérétiques particulièrement dangereux pour la société. C'est ainsi que, à Rome même, les condamnations à mort furent exceptionnelles, et que Giordano Bruno, pour ne parler que de lui, fut brûlé vif beaucoup plus comme perturbateur de l'ordre public que comme libre penseur.

On ne saurait donc rendre l'Eglise responsable des cruautés qui furent dictées à certains inquisiteurs, non par leur zèle évangélique, mais par leurs haines personnelles ou par la pression des gouvernements civils (condamnation des Templiers, de Jeanne d'Arc, par exemple). On ne doit pas davantage la charger des crimes de l'*Inquisition espagnole*, qui instaurée par le pape Grégoire XI, devint rapidement une institution uniquement aux mains de l'Etat, lequel s'en servit pour protéger ses nationaux contre l'envahissement des Maures, des Juifs et des protestants.

Note 10 : voir p. 51

L'ÉGLISE NE CHANGE PAS (2)

L'Eglise n'est plus aujourd'hui ce qu'elle était aux temps apostoliques ; c'est incontestable. Doit-on en conclure qu'elle a changé, qu'elle s'est écartée de la loi qui lui fut tracée par son fondateur ? Nullement.

L'Eglise est un organisme vivant, et, comme tel, elle a dû s'adapter aux milieux dans lesquels elle s'est développée. De là des modifications dans sa discipline intérieure, dans ses rites et même dans la forme de certaines de ses

(1) Voir P. MONSABRÉ : Carème 1882, 58ᵉ Conférence, et note, p. 381, — J. GUIRAUD, t. I, chap. XXIII, XXV et XXX, — et MOULARD et VINCENT, p. 409. Dans ce dernier ouvrage, sont discutées au chap. XXXII les autres accusations contre l'Eglise : la *Saint-Barthélemy*, la *Révocation de l'Edit de Nantes*, le *Procès de Galilée*, etc.
(2) D'après l'Abbé LESÊTRE, p. 84 et 101.

croyances, mais le fond de sa doctrine n'a point été touché au cours des siècles. Il est facile de s'en rendre compte en se reportant aux plus anciens documents; notre christianisme est celui de la *Didaché* (fin du premier siècle), du *Symbole des Apôtres* (commencement du ii*), du traité de saint Irénée (fin du ii*), etc.

D'où viennent donc alors ces dogmes qui semblent nouveaux et qu'on reproche à l'Eglise de surajouter à la doctrine primitive ? Simplement de l'interprétation raisonnée de la parole divine dont elle a la garde. La Révélation contient une foule de vérités profondes, souvent énoncées dans des termes mystérieux, obscurs. — L'essentiel en a été connu dès le principe. — Mais l'Eglise, par le travail de ses théologiens, met en pleine lumière certaines de ces vérités, en déduit d'autres de celles qui étaient primitivement bien connues; puis, au fur et à mesure qu'un point de doctrine est éclairci par la discussion, elle le fixe par une « définition » précise (v. note 8), destinée à en sauvegarder le sens et l'intégrité. En d'autres termes, l'Eglise dit d'une manière neuve des choses qui ne le sont pas ; elle n'augmente pas le domaine de la Révélation, elle en élargit la connaissance.

C'est ainsi, par exemple, que *l'infaillibilité du pape* est tout naturellement sortie des textes évangéliques que nous avons cités plus haut (chap. iii) ; que l'*Immaculée Conception* (la Vierge préservée de tout péché dès sa conception) érigée en dogme seulement en 1854, est contenue en germe dans les documents de l'antiquité chrétienne, et était déjà honorée par des fêtes spéciales au vi* siècle. Dernier exemple tiré de la discipline ecclésiastique : le *célibat des prêtres* ; ce « changement » survenu en 386, ne fit que consacrer une pratique qui, observée dès le début du Christianisme par l'élite du clergé catholique, se développa progressivement pendant les premiers siècles de l'Eglise.

TABLE SYNTHÉTIQUE

AVANT-PROPOS

CONSIDÉRATIONS PRÉLIMINAIRES

CHAPITRE PREMIER

CHAPITRE II

B. RELIGION CHRÉTIENNE. — Pour prouver qu'elle est d'origine divine, elle s'appuie sur les Livres Saints ; démonstration de la valeur historique des Evangiles, p. 33. — Démonstration de la divinité de la religion chrétienne : 1º par la divinité du Christ, p. 37 ; — 2º par la façon dont s'est développée l'Eglise Catholique, p. 40. Le Christianisme est la seule religion divine : *il est raisonnable d'embrasser le christianisme.* p. 42.

CHAPITRE III

A. CARACTÈRES DE L'ÉGLISE FONDÉE PAR LE CHRIST, p. 44. — Sa doctrine, sa morale, p. 45. — Son infaillibilité, p. 47. — Ses notes caractéristiques, p. 49.

B. QUELLE EST DONC LA VÉRITABLE EGLISE DU CHRIST ? Seule l'Eglise Catholique présente les notes caractéristiques, p. 50. — Le Protestantisme et l'Eglise Grecque ne les possèdent pas, p. 52. — *Il est raisonnable de professer le catholicisme,* p. 54.

COROLLAIRE PRATIQUE

Notre démonstration s'appuie uniquement sur la raison. Comment procéder pour passer de la raison à la foi, p. 55.

NOTES ET RÉPONSES A QUELQUES OBJECTIONS

1106-12. — Imp. des Orph.-Appr., F. BLÉTIT, 40, r. La Fontaine, Paris.

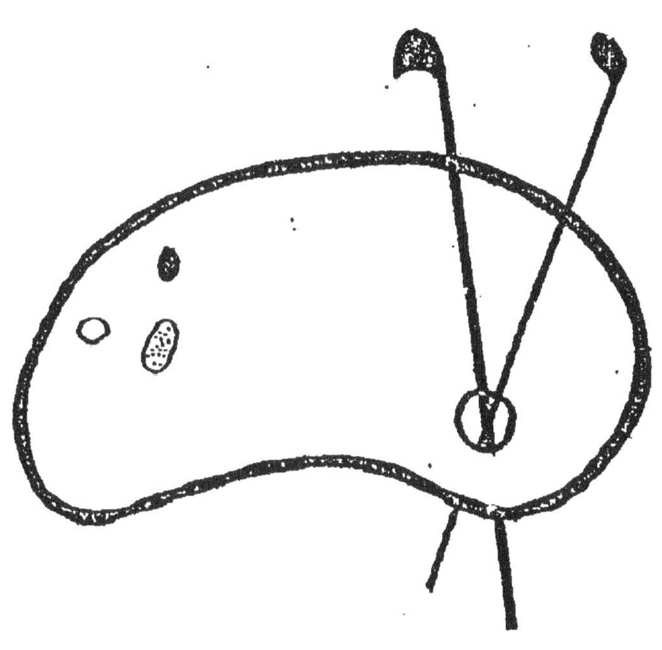

ORIGINAL EN COULEUR

NF Z 43-120-8

www.ingramcontent.com/pod-product-compliance
Lightning Source LLC
Chambersburg PA
CBHW051607060726
47597CB00004B/1176